日本近代哲學思想史

GINO K. PIOVESANA, S.J. 原著

江　日　新　譯

1989

東 大 圖 書 公 司 印 行

日本近代哲學思想史／江日新譯 - - 初版 - -

台北市：東大出版：三民總經銷，民78

〔5〕，221面，21公分

參考書目：面211-218

1. 哲學—日本—現代(1868-　　　) I. 江日新譯

131.9/8354

© 日本近代哲學思想史

東大圖書公司

原著者　GINO K. PIOVESANA, S.J.
譯　著　江日新
發行人　劉仲文
出版者　東大圖書股份有限公司
總經銷　三民書局股份有限公司
印刷所　東大圖書股份有限公司
地址／臺北市重慶南路一段六十一號二樓
郵撥／〇一〇七一七五一〇號
初　版　中華民國七十八年五月
基本定價　叄元叄角叄分
編　號　E 13003
行政院新聞局登記證局版臺業字第〇一九七號

作者原序

關於出版這本書，我似乎無須多費口舌。事實上一直都缺少一本以西方語言寫作，全面討論過去百多年來日本哲學思想的書。土田杏村 (Tsuchida Kyoson) 的書已經太老舊了，（譯按：指其一九二七年出版那本英文書 *Contemporary Thought of Japan and China* (London)）並且也絕版了。而高坂正顯 (Kosaka Masaaki) 最近所編那本（譯按：即 *Japanese Thought in the Meiji Era*, 1958），則是止於一九一二年的一般思想史。倘若我們將少數一些描述性的文章排除不算，那麼根本就沒有介紹最近日本哲學的合適著作。

有一點需要澄清的，即這本書是一本概論 (survey)，因此它並不想作為一本日本的哲學觀念史。這樣一個謙虛的副標題並不是由於特別客氣之故，而是事實上我們也別無他法。即使是日文書，自麻生義輝對明治時代前十年（1868-1880）的日本哲學發展做了開創性的歷史考察以來，仍一直沒有出現一本標準的著作。很不幸地，在麻生義輝之後，日本雖出版了許多討論日本思想的書，但他一直沒有一個真正的繼承者，其原因部分是由於戰前的作家太過於傾向去解釋日本的「精神」，而戰後的作家則強調社會的——倘若不是馬克思主義的——思想史。

因此現在最能夠做的是：對日本思想家做一個概略的導論，而不是去處理一直都缺乏的關於體系或哲學觀念史這種基礎研究。作者的寫作方式不像日本戰後作家所寫那樣以其所討論的思想家在政治觀

念、態度上的「進步」或「反動」來評價，而是儘可能以其思辨性思想的一貫性和價值來評價。

　　我也要對這本書更根本的缺陷做解釋和辯白。首先，由於我的母語不是英語，因此我的寫作缺乏在討論主題時所必需的流暢和簡潔。其次（並且也是較重要的）是這本概論對所牽涉到的日文材料處理得不夠充分。如同每一位日本學學者痛苦感覺到的一樣，日文資料是世界上難以了解和評價的一種文獻。另外，將日文術語及觀念譯成西方語言也有極大的困難。尤有進者，選擇材料及強調點上，我也無法普遍得到一致的支持。在解釋上我只能說，事實上日本哲學涵蓋了世界上所有的潮流，從其最初的哲學發展，以至於最近的哲學家，面對數量這麼龐大的出版品，事實上也沒有人能夠全部精熟。

　　非日本的讀者可能會感到驚訝，因為本書極少談到佛教及儒家思想。最近的日本哲學思想事實上是如本書所描述那樣，居主導地位的——倘若不是絕對獨占的話——實卽是西方形式的哲學思考。

　　讓人感到厭煩的這些及其他理由，在在都勸誘著我不要闖進更富有學養的學者都不敢踩踏的領域。但我自一九四九年到日本，以及稍後於慶應大學在務台理作教授門下就學，便深深感到極有需要做一些這樣的研究。專業哲學家及研究日本的學生也有這樣的感受。各位讀者可以自己判斷一下，在沒有更好的著作可以取代下，本書是否有些微用處，以及同我一起期待，在很短的未來能夠很快地得到補充。

　　於此我要向所有幫助此書完成的人表示衷心的感謝：務台理作教授對日本哲學潮流的睿見；Sandra Sims 在修改我的英文稿的辛勞；Kawasaki Michiko 小姐之準備日文資料。此外，我還特別要向上智大學同仁中的一些神父道謝，他們分別在各方面給了我很大的幫助。

　　很清楚的，其中的解釋及缺點都是作者自己要負的責任。

Gino K. Piovesana S. J.

於東京上智大學，一九六二，五

謝　　辭

除了準備第一版時在序言中所提的諸位外，我還要對宮川透教授表示謝意，由於他將此書譯為日文，因此使得此書能修訂再版問世。我並樂意對 V. H. Viglielmo 教授及 Morimoto Yuriko 小姐的秘書工作表示謝意。

一九六八，三　作者

日本近代哲學思想史　目次

作者原序

第一章　早期經驗主義、實證主義和改革主義 (1862—1885)

西方哲學的肇始

西元一八六二年年頭，西周（1829-97）在「蕃書調所」（日本研究西洋書籍的中心）提出日本歷史上第一次講習希臘和歐洲哲學的草案。爲了要將它與中國思想和佛教分別開，西周氏稱西方 Philosophy 爲「希哲學」，「希哲學」是個新字，它可能是西周與其蕃書調所的朋友兼同事津田眞道（1829-1903）共同研討所得的結論；津田眞道也曾推展早期研究哲學的風氣。而這個新字，則到西元一八七四年西周氏印行其著作《百一新論》之時，才爲人所熟知。

比名詞更重要的（大部分西方哲學術語的日本譯名是西周所創譯的），是他在同時也將新的學問引進了日本。今天，西方意義的哲學已列爲日本許多大學的必須課目，而東方思想則保留爲專攻科目；普通的大一新生必須學習西方哲學概論課程，聽那些精通西方哲學的教授講課，這些教授通常都在外國學習研究。因此，很大一部分學生一知半解的知道康德的範疇、黑格爾的辯證法、馬克思的論題乃至於海德格、沙特的存在主義，可是對佛教哲學和儒家哲學卻沒有什麼認

識。粗略看一下數字龐大的哲學教科書（這是由於日本學生數量龐大），也能證實我們這個看法，即他們只是介紹西洋哲學而已。

然而，這並不即意謂西洋哲學比他們自己的東方傳統，對日本人的心靈，在社會－文化上更具有影響力，因爲這一傳統是以其他成千成萬的方式所吸收來的。文化並不是單單的只有哲學而已，至於其他影響東西方人的社會－政治潮流，則很少爲純粹理論所決定。至於文化「遲滯」則發生得多，而被察覺得少；至於佛教和儒家思想之宗教和理論在表達方式的言簡意賅；因而，當一個人說他所學的是「哲學」時，事實上，他所指的是西方思考型態的「哲學」，而不是東方「哲學」。西洋思想在西元一八六八年明治維新日本第二次開放後變得非常重要。

本研究以篇幅關係，對所謂「切支丹」或稱日本基督教世紀只能做很簡要的查考。切支丹是在西元一五四九年，當第一個天主教士抵達日本時開始，而到西元一六一四年，將對外國宗教的敵對態度變成官方的正式政策爲止。西元一五九九年耶穌會的天草出版機構，刊行了 Fray Louis de Granada 的一本書，這本書有部分理論是基於亞里斯多德的哲學，後來 Pedro Gomez 的 *Breve Compendium*（《大略》或《綱要》）則討論亞里斯多德《靈魂論》一書，這本書區別了 Intellectus agens 和 Intellectus possibilis（主動理智，被動理智）兩個觀念，多瑪斯的兩部《大全》和聖奧古斯丁的《懺悔錄》也被天主教士拿到神學院研習。然由於對基督徒的迫害，和厲行閉關政策，德川將軍實際上滅絕了任何外國宗教和哲學思想的影響❶。

---

❶ 關於 Fray Louis de Granada 見 J. Lopez Gay S. J., La Primera Biblioteca de los Jesuitas, in *Monumenta Nipponica*, vol. XV, n. 3-4, 1959-60, p. 159. 關於 Pedro Gomez 見 J. Schütte S. J.,

像新井白石（1657-1725）、平田篤胤（1776-1843）這樣的學者，他們的思想常被認為曾受過西方思想的影響。然而這個影響並沒有把儒家或神道教與西方型態的哲學拉近；在最近一版日本思想資料書中，日本西洋哲學的前驅是：安藤昌益（大約西元1700年）、皆川淇園（1734-1807）和三浦梅園（1723-1789）。貝原益軒（1630-1714）也能列入，因為他的《大疑錄》，表現出一種批判而理性主義的思想型態。

這些人中最值得重視的是三浦梅園，這是由於他完成了一套理論體系之故；他的理論與同時代的 Adam Smith 相似，討論「價原」（價格原論），甚至建立了一種類似Gresham壞貨幣循環論的法則。

三浦梅園的哲學觀念具見於三書，最有形上學意味的是「玄語」，他修改這本書曾達三十次之多，他又基於他的《條理》說明他的《修理學》，三浦梅園的邏輯形式實在是一種實在辯證論（a version of dialectic of reality），並且強烈的滲入了實證的和理性的精神，而不斤斤拘守於權威或傳統❷。

三浦梅園的實證精神，無疑的是受到荷蘭文作品的影響及「蘭學」的薰陶，所謂的「蘭學」，在內容上含有解剖學、醫學、天文學、地理學和大砲射擊、堡壘防禦的兵學。德川時期儘管採取閉關政策，但仍允許少數荷蘭商人留在出島，出島是長崎的一個獨立部分，吉宗將軍在西元一七二〇年的佈令，部分地允許自由翻譯、研究「蘭學」，其他更具思想性的書籍（ideological books）不是荷蘭商人私

(續)Drei Unterrichtsbücher für Japanische Jesuitenprediger aus dem XVI. Jahrhundert, in *Archivum Historicum S. J.*, vol. VIII, 1939, pp. 223-56.

❷ 長谷川如是閑、清水幾太郎、三枝博音編：《日本哲學思想全書》一、哲學篇，平凡社，1957。

自携入日本，就是來自於中國。

這些禁書的影響極容易看出來，例如高野長英的《聞見漫錄》，裏頭有一篇從泰利斯 (Thales) 到康德 (I. Kant) 的哲學史研究，甚至有一篇文章批評亞理士多德的自然科學研究缺乏經驗根據。對於哲學，高野長英沒有找到一個合適的字眼，他用的字是「學師」，文中意謂「普遍而最重要的學問」(general and the most important learning)。高野長英被認爲是日本西洋哲學的先驅，特別著名的是他開放日本心靈以接受西方學問大膽而前進的觀念，他提出的這些觀念我們可在他的許多書或文章中看到。

這樣的見解在當時是不希望有的，因此高野長英必須委屈藏躲以逃避警察。西元一八四〇年他終於被抓到了，並且判他終身監禁；西元一八四四年他又逃脫了，然而警察也再一度抓到他，他切腹自殺，以免爲密探的劍所殺❸。

爲滿足對歷史的考據癖，我可以指出現存在日本最古老的哲學書是 Lewes 的《傳記哲學史》(*Biographical History of Philosophy*) 及康德的《人類學》(*Anthropologie*)，後者是德國商人 C. E. Boedinghaus 携入日本的；毫無疑問的，他是假裝荷蘭人而進入日本的，他並曾會見過西周❹。

兩位先驅：津田眞道和西周

西周的事業，就像津田眞道和許多明治維新時代的領導性知識分子，清楚的指出他是接受西方知識的先鋒。而這些人的出身通常是武

---

❸ 桑木嚴翼：《明治の哲學界》，中央公論社，1943，頁 10-12。
❹ 麻生義輝：《近世日本哲學史》，近藤書店，頁 124-27。

士家族或醫生家庭。他們接受過中國古典的教育，並且前往長崎或江戶（東京舊名）學習蘭學，然後被送出國留學；而在他們返國時，新政府便給他們一個職務，及至他們退休時，政治上便封賜他們為貴族。

西周生於岩見（島根縣）津和野族的城內，他的父親是個醫生。津田眞道生於岡山，是武士之後。他們兩人都前往江戶學習，西周在西元一八四七年抵達；津田眞道則在西元一八五二年。在他們完成學業後，都被派任到「蓄書調所」，在那裏，這兩人拓展他們對哲學問題的興趣，甚至西周還做了一些這方面的講演；然而，哲學仍得不到主持這個西方研究中心的主管高度的肯認。

西元一八六二年六月，西周、津田眞道和其他五人被送到國外研究。這羣人主要是由海軍候補軍官組成，而由未來的榎木武場將軍率領，其中只有西周和津田眞道是學習法律和政治科學的，他們從品川出發（品川是現在東京港的一部分港區），在長崎做短暫的停留後，經過一年終於抵達鹿特丹(Rotterdam)。西周和津田眞道前往到萊登(Leyden)，在那裏，他們加強荷蘭文，並選維瑟林（S. Vissering）的經濟學、法律和政治科學及歐普從謀（C. W. Opzoomer）的哲學課。津田眞道改編維瑟林的講義，而在西元一八六八年出版《泰西國法論》這一本書；同年西周翻譯維瑟林的《萬國公法》講義成日文，當時正是西周返回日本而被任命講授這門課。西周還翻譯了耶林（R. Jhering）的 *Der Kampf ums Recht*（《為權利而奮鬥》），並寫了一篇討論公法的〈公法手錄〉當爲導論，而在西元一八八二年出版。

津田眞道還翻譯了維瑟林的統計學《表記提綱》，這種知識在日本語文中還是第一次出現的。另外哲學也得到關心，當時在萊登十分熱門的哲學是孔德（Comte）的實證主義和彌爾（J. S. Mill）的經驗

主義。根據津田眞道的說明，西周是傾向唯心哲學，而他自己則是較傾向實證主義，然非唯物論者。

西周和津田眞道在西元一八六五年十月離開萊登到巴黎，在那裏，他們碰到了也是明治時代早期的著名知識分子和政治領袖森有禮，從馬賽 (Marseille) 出發，經由亞歷山大城 (Alexandria) 和蘇彝士運河 (Suez)，這羣人在十二月二十八日返抵日本。

在西周携回的書中，很多是孔德和彌爾的著作，古仙(Cousin)、孟德斯鳩 (Montesquieu) 和黑格爾 (Hegel) 的 *Phänomenologie des Geistes*（《精神現象學》）也包括在內，另外有很多書是關於海軍和陸軍，根據這些資料，使西周得能編成軍事字典；除此之外，還有一些如狄更斯的《雙城記》等讀物及維爾納 (J. Verne) 的著作，維爾納的著作在明治中期曾廣泛的被日本有科學心態的人閱讀。

他們回來後，這兩個人被任命到開成所，開成所是從著書調所演變而來的，最後開成所又演變成東京大學。而當日本人旅居海外時，他們發現英文、法文、德文比荷蘭文更爲有用，因此荷蘭文不再被視爲是西學的語文。西周甚至在西元一八六七年左右教後來的將軍慶喜法文。當時西周是在京都，他是在西元一八六六年八月離開江戶，正要跟隨將軍前往到大阪。這時，德川將軍的幕府統治已快結束了，於是西周向日本眞正統治者提出兩個改革方案：第一個計劃是保留將軍的權力和特權，而以將軍爲上議院領袖，有權否決下議院；第二個方案較爲實際，然而還是不爲當權者所採。他被勸靜靜的退休，去開發北海道這個荒蕪的地區，以便讓十六歲大的天皇及其大臣有自由機會處理日本大事。

最後，事情決定了，但不是他的方案；對於此，他雖然是屬於失敗的將軍一系，但並沒有即此終止他的事業。西元一八六八年十一月

他被派任負責沼津兵學校，並在一年後被任命爲東京的兵部省大臣，他也在育英社任教，並在西元一八七○至一八七三年間完成他大部分的哲學作品，他的手稿顯示，在西元一八七一年後約有一年，他向明治天皇進講西方歷史和哲學。

西周和津田眞道後來加入森有禮創立的「明六社」，明六社的其他成員有神田孝平、加藤弘之、中村正直、西村茂樹和福澤諭吉。在「文明開化」口號下，這羣啟蒙主義者領導着散播西方進步的思想和風俗到整個日本。

西周和津田眞道兩人都在明六社機關口舌──《明六雜誌》寫了很多很重要的文章。當時最大的爭論是在於知識分子是否應參加政府才算是參政；明六社除了福澤諭吉外幾乎都採取一致的看法，福澤諭吉維持着一種疏離的關係，以保持他的獨立，因此他並不是實在委身於保守或獨裁的潮流中。

津田眞道受任爲靜岡的警察總監，後來升任爲法官，因此能夠參與法律的制定，後來再任爲外務部大臣，與伊達宗城爲全權特使來到中國。西元一八九○年他成爲東京學術院的會員和下議院主席，同年他也被任命爲上議院議員並受封爲男爵。

在另一方面，西周主要是在教育界工作，設計新課程，西元一八七九年他被選爲東京學術院主席，並連任達七次之多；西周也曾在西元一八九○年進入上議院；像津田眞道一樣，他也有爵衔，並在死後追封爲男爵。西周很有幸得森鷗外爲他作傳，森鷗外的職業是醫生，但他則以小說家出名，他跟西周有姻親關係，並且是在同一地方津和野出生❺。

---

❺ 森鷗外:〈西周傳〉，《森鷗外全集》卷九，頁 3-110，岩波書店，1937。又見 R. F. Hackett, Nishi Amane, A Tokugawa-Meiji

對於津田眞道的哲學討論偏少，這是因爲他在這方面的著作不多；
然無論如何，他拓展了早期的哲學興趣，很清楚的，如同西周在其著
作中所指出的，它將是永垂不朽；西周曾多次而皆無法推翻津田眞道
的自然主義和唯物主義，這種唯物主義，在津田眞道於西元一八六八
年所寫的一篇短文〈性理論〉中表現得最明白。另一篇文章〈唯物論〉
則刊載於西元一八九二年的《東京學術院院刊》。

在萊登時，津田眞道自己宣稱爲實證主義者，而西周則熱衷於康
德；然而事實上，西周並不是喜歡康德的知識批判學，而是欣賞康德
的 *On Eternal Peace*（《論永久和平》）。津田眞道早期的「天氣」
說——無限制而又任意滲入所有事物的元素，是在接觸了流行於當時
的法國百科全書派、唯物論及實證主義者的思想，而後才逐漸形成的
科學、實證態度。不過雖然是如此，津田眞道還是以法學專家，比當
爲哲學家或思想家爲稱職；桑木嚴翼曾提供津田眞道許多法學譯名，
如 Civil Law 譯爲「民法」便是。

西周的哲學著作❻

稱西周爲日本西洋哲學之父，他實在是當之無愧。許多至今一直
使用的日文哲學名詞翻譯，都應歸功於他，西周翻譯、改編並且開創
出自己的原創著作，他的術語在西元一八八一至一八八二年，井上哲
次郎曾加以潤飾、改進。井上曾編輯《哲學字彙》，這本書在西元一

(續)Bureaucrat 在 *The Journal of Asian Studies*, vol. XVIII, No. 2,
Feb. 1959, pp. 213-250.

❻　桑木嚴翼：《明治の哲學界》，頁 91-115；永田廣志：《日本唯物論
史》，白楊社，1949，頁 94-97。

九一二年曾重新再加以修改。

　　西周草創的努力，　爲他人澄清出一條不難遵循的道路來；　事實上，最難的部分是在如何聯結表義的日本漢字與新奇的西方觀念，以形成一個新而正確的術語。

　　試舉一例，　西元一八七四年西周以「哲學」翻譯 Philosophy，這個字是「希哲學」的簡寫，「希哲學」則是「希求哲智」的簡寫，這是根據希臘字源意爲追求智慧或愛智之學。而在西周的手稿中，他搖擺於使用「窮理學」（自然哲學）、或是「理學」（「理」字今天已用到自然科學上）、抑或是「性理學」（自然事物之科學，今天已用爲生理學（Physiology））；後來他明白了，西方 Philosophy 一字也指心靈哲學，卽也指哲學心理學和道德哲學，於是西周放棄上述諸名詞，而專取「哲學」一詞；也因此，這個詞成了 Philosophy 的標準譯名，這件事當然部分也是由於他在教育上的地位的關係❼。

　　事實上，西周如同其他許多明治時代的西學先驅者，都有一些中國學問基礎。但是這一些都只是在解釋西方資料；在中國，術語卽使有，也是很少數，西周在《百一新論》中解釋「哲學」說：中國思想的架構比中國文字更具特徵；西周指出哲學無非是澄清天道人道的工具（message），這種說法實際上是儒家的見解，　而非完全是西方式的；然而西周的《百學連環》含有極豐富哲學術語的分析。

　　卽使西周的作品有付印的日期，我們還是很難肯定他許多文章究竟是寫在何時。也就是，注明的日期與實際寫作的日期是不一樣的，

❼　見麻生義輝：《近世日本哲學史》，頁 315–16 論日本哲學術語演進部分，「希哲」一詞來自「希賢」或「士希賢」，　而「希賢」或「士希賢」則是周濂溪《太極圖說》中語，見數江教一、相良享：《日本の倫理》，歐文館，1959，頁 144又頁 255 的脚注十。

他的文集《西先生論集》在西元一八八〇年出版，但是直到最近才有
一完整的集子出版❽。

　〈靈魂一元論〉是西周最早期著作之一，這篇文章含有一種結合
一元靈魂論（monistic animism）與實證主義對形上學的輕蔑，如名
詞「空理論」、「抽象」或「空理」；另外一篇重要的文字〈尙白劄
記〉企圖畫分不同的科學，這個分類較爲完全，其中甚至也包括了社
會學，哲學由中國「理」字代表，「理」之一字比西方 reason 具有
更大的意識形態史（ideological history），〈美妙序說〉是在西元一
八八三年寫成的，同年的〈社會黨論說〉是一篇根據維惡林的思想以
批評歐文（Owen）、聖西蒙（Saint-Simon）及傅麗葉（Fourier）的
作品；因此，西周是第一個將社會主義思想引入日本的人，不過，加
藤弘之也在差不多同一時候著文討論社會主義。倫德（W. Learned）
也帶來了社會主義，他是在西元一八七五年來到日本的，並在基督教
學校——同志社，即後來的京都大學講學❾。

　〈生性發蘊〉也是一篇重要的哲學著作，本文分兩部分，其一是
哲學史，而以討論孔德作結；這篇文章中，西周表示他對法國實證主
義者的欣賞；根據研究明治時期哲學史最好的史家麻生義輝的說法，
這篇解釋孔德的文章是樂維斯（Lewes）《傳記哲學史》的日譯。高坂

❽ 麻生義輝編：《西哲學著作集》，岩波書店，1933；本書並附有一份很
　好的年表（頁 335-51）及西周作品的解說（頁 355-405）。大久保利謙
　編：《西周全集》，日本評論社，1944，其中只刊出第一卷，含有《百學
　連環》和《百學新論》，又大久重編的《西周全集》，宗高書房，1960，
　第一卷照以前一樣出版，而哲學著作則包含在裏頭。關於《百一新論》
　的註解，見桑木嚴翼：《西周の百一新論》，日本放送出版協會，1940。
❾ 見麻生義輝：《西哲學著作集》，頁 390，及麻生義輝：《近世日本哲
　學史》，頁 263-65。

正顯則發現西周是根據彌爾，而沒有附和孔德將社會文化科學隸屬於生物學之下❿。

　　《百一新論》是在西元一八七四年出版的，書背則清楚的註明是西元一八六六——六七，這本書的重要性，不但是它引進了哲學的新名詞，而且標題的「一」也顯示出這是個新的學說；哲學調和所有科學；儒學的討論主要是放在前面的部分，但是對道德（morality）的討論，它不再像以前舊學所常有與國家實際政治系統混淆的情況，西周前進的思想在第二部分可以更清楚看出來，其中並討論孔德進化三階段的理論（西周他應用「場所」一詞），彌爾的先天、後天原理。像麻生義輝、高坂正顯解釋西周思想的人都一致指出，他的先天的原理指的是領導自然世界的物理原理，而精神的或後天的原理則是領導人的，因此西周的道德律與他的自然律形成強烈的對比，雖然兩者都被聯結成一和諧的整體。西周的哲學是根據三個原素：智、情、意而系統化。

　　另一重要著作是一部百科全書，這本書註明日期是西元一八七〇——一八七三年，然實在的寫作時間可能還更早，這部百科全書日文題名是《百學連環》，其英文書名 *Encyclopedia* 也是西周自己加的，本書的手稿是在西元一九三一年發現的，它是西周根據他西元一八七〇——一八七三年在育英舍的講稿草擬的；然無論如何，這本書並不是一部一般意義的百科全書，它不依字母次序編寫，更好說它是一部西方學術枝脈分類書；這本書是根據一部相似性質的英文書編成的，其中到處充滿英文的定義，本書的導論特別具有意義（這個導論

---

❿　麻生義輝：《近世日本哲學史》，頁 386-87, *Japanese Thought in the Meiji Era*, ed. by M. Kōsaka, transl. by D. Abosch, Pan-Pacific Press, 1958, pp. 104-05.

存有兩份草稿），因為它介紹了彌爾的「新邏輯」——他的還元法、歸納法和其他邏輯語詞，甚至也介紹了他的政治真理思想及自由論，孔德三階段或「場所」的理論也含括在內。

從西周的著作內容看，我們很清楚的可以知道他熟悉很多哲學家。然而，很明白的，他並不喜歡康德或黑格爾；他比較喜歡實證主義者如孔德、彌爾。西周在政治問題上很明顯的是抱着自由主義的態度。他的《百學連環》第一部分是「一般科學」，即歷史、地理、文學、文字學和數學；第二部分則含有「特殊科學」，而以「知解的」(intellectual) 知識開始：包括神學、哲學、政治經濟、倫理學、美學和法理學，其他第二部分的內容則包括各種不同自然科學的定義，並例行的附有一份簡史。

關於哲學，除了上面所提「愛智」的定義外，西周並說宗教是基於信仰，而哲學則基於理性。他簡短的描寫了不同的哲學分項：致知學（Logic，邏輯）是思想的律則，發源於亞理士多德，而由彌爾革新；心理學 (Psychology) 說明人的靈魂與肉體結合的問題；理體學 (Ontology，存有論) 定義為存有之為「體」的學說，即存有為實體 (being as substance)；倫理學 (Ethics)，西周則解釋為是包含在我們自己之間與對我們人自己 (between ourselves and to ourselves) 和對最高存有 (Sublime Being) 的義務。

西周這部百科全書雖然很具分量，但它只是一個導論而已，它的目的是為日本學生解說、澄清西方學說的各部門，在其中，宗教、佛教和儒學都曾提到；因此，高坂正顯認為，西周這部著作能夠比擬法國百科全書派作品的說法是很成問題的；儘管如此，西周的功勞仍是不可忽視的，這個功勞即使我們採取一種謹慎的態度也是一樣。

在育英舍西周主要是教邏輯，他講授的題材見於西元一八七四年

出版《五原新範》及《致知啟蒙》兩書中，　他的邏輯是基於彌爾的
《邏輯系統》（Mill, *System of Logic, ratiocinative and inductive*），
西周這些書無疑的是日本最早的邏輯教材（Manuals on Logic）；在
第一書中有一份改編自孔德的科學分類表，而第二書則全依彌爾。其
中只有一百多頁的《致知啟蒙》本來就已印行，西元一八八一年，師
範學校學生又印行了第二版。西周雖然是師範學校的校長，卻不強迫
邏輯教授菊地用他的書當爲課本，因此，學生們自己負責西周的新版
本印行❶。

　　西元一八七五年十月，西周替明六社的刊物寫了一篇〈人生三寶
說〉，三寶是健康、知識和財富，在這篇文章中，具體的表現出明治
時代的精神，古老的儒家倫理受到批評，而功利主義的原則則受到宣
揚；在另一篇早前二年出版的文章中，西周則樂觀的持論靈肉和諧的
發展。

　　西周從來不是一個過分激烈的西化論者，在師範學校校長任內，
他提出一種折衷的道德論，以結合東、西方倫理學。這些話與反對日
本全盤西化論的反應同調，而這種全盤西化論在十年前仍相當流行。

　　西周還翻譯了彌爾的《功利主義》（理學），這是應西本願寺住
持鈴木慧淳而作的，鈴木與西周有很密切的友誼，這本書在西元一八
七七年譯成；他也曾爲文部大臣翻譯耶瑟夫‧黑文（Joseph Haven）
的《心靈哲學》（*Mental Philosophy*），這個譯本在西元一八七八年印
行，並曾有一陣子被用爲教本。

　　西周對心理學也有興趣（只限於哲學和理性的，實驗心理學是在
後來才由元良勇次郎介紹入日本的。），並在西元一八八六年於東京

---

❶　見麻生義輝：《近世日本哲學史》，頁 292-308，論邏輯部分，心理學部
　　分見頁 309-15。

學術院公開演講;西周最後的著作中,西元一八八四年寫過一篇關於**邏輯**〈論理新說〉的文章, 另外一篇文章是以漢文寫成的, 題目叫〈生性劄記〉,內容是關於心理學方面的;在這篇文章中,他強調意志的重要。根據麻生義輝的說法,西周寫作這本書花費了很多時間,它大約是在西元一八七三年開始動筆,而在兩年後完成草稿。西周生命最後幾年中,他在他大幾的別墅又重新研究它,可是死亡還是妨礙他這本書的完成。

總結的可以說,西周雖然沒有高坂正顯所加予他的「系統」,然而孔德──彌爾的經驗主義、實證主義,則在他的作品中處處可見。在考察日本西方思想先驅者的工作時,他們採取折衷主義這是很自然的情況,這些人面對到很多而又不同的西方思潮;並在同時,他們覺得有責任繼承他們東方的遺產,西周並沒有很特別用心於結合兩種思想方式,他僅滿足於介紹西方思想;因而,造成一些如前面所提彌爾先天、後天原理的有趣應用。

加藤弘之的演化主義

雖然前面提過「明六社」, 並且這羣啟蒙主義者在早期明治時代,在散佈我們前面曾討論過有關自由、功利的觀念上扮演領導的角色,除此之外,關於他們還有許多東西可以談。

西元一八七五年福澤諭吉(1834-1901)寫了一本《文明論の概略》(《文明論的概略》),這本書提出一套得自桂佐特(Guizot)和布克勒(Buckle)的史學理論。這本書宣稱人類通過了三個文明的**階段**:蠻荒時代、野蠻時代和文明時代(Savagery, barbarism, and civilization), 野蠻時代的特徵是農業社會和封建制度,日本亦包括

在其中；　文明時代的特徵是自由和科學階段，　日本必然是要朝此前進。福澤諭吉強調文明的創造並不是單因於上層或下層階級，他以爲是由於中層階級的知識分子所造成的，這個觀點是「啓蒙主義者」的典型看法，這些人同時亦是民主政治的鼓吹者。

　　福澤諭吉中層階級自由主義的外貌也表示在他西元一八七二年所寫《學問のすすめ》（《學問的促進》）一書中，在這本書中，他一開始便說：「天無造一人高於他人，亦無一人低於他人。」然而，由於本書只能做一些史的鳥瞰，故不能對福澤諭吉做更詳細的分析；可是他有趣的一生 (interesting personality)，我們仍可以透過一本以西方文字寫成的詳細研究來了解❷。

　　明六社中以哲學著名的，除了西周、津田眞道之外，　加藤弘之(1836-1916) 應列爲第三，然而加藤弘之在政治思想和宣揚社會達爾文主義上，似乎比他當爲哲學家更爲著名，雖是如此，他的社會思想卻有一個非系統的唯物論和進化論基礎。這在明治時代早期折衷主義的思想家中，並不是很普通平常的。

　　加藤弘之首先在「開成所」任教，後來在西元一八七七年，參予新的東京大學草創工作，並在西元一八八一和一九〇〇年任爲校長。

---

❷　關於「明六社」見麻生義輝：《近世日本哲學史》，頁 1-13；135-86；267-81。*Japanese Thought in the Meiji Era*, ed. by Kōsaka, o.c., pp. 61-65. 關於福澤諭吉，英文資料有 *The Autobiography of Fukuzawa Yukichi*, transl. by Kiyooka Eiichi, Hokuseidō, 1960. 最完全的傳記，　日文的有石河幹明：《福澤諭吉傳》，　四卷，　岩波書店，1932-33；他著作最完全的版本是《福澤諭吉全集》，岩波書店，1958, ff., 本來計劃印行二十一卷，現已出版十八卷；關於福澤諭吉又見 *Japanese Thought in Meiji Era*, ed. by Kōsaka, o.c. pp. 68-84；及《福澤諭吉の人と思想》，岩波書店，1940，這是一系列不同專家的研究叢刊。

他無數的教育工作，影響了德國思想之引進於日本最重要的學術教育中心。加藤弘之在他「精心製作」的進步觀中表現出一種典型，在這點上，許多以前的「啟蒙主義者」跨越過（made in passing from）明治時第一個階段（decade）自由、功利的觀點，而走向第二階段較保守的觀點；加藤弘之另有一個特點是，爲了支持專制潮流，他並沒有像底下第二章要討論的許多思想家一樣，訴因於東方的傳統。加藤弘之表現得像西方人一樣，他吸收西方思想，特別是人種進化論和唯物論，並以這兩種思想鞏固自西元一八八六年以來流行的反民主傾向。最近的歷史證明，極端唯物論也能夠像極端唯心論一樣造成專制政體和「國家理性」（raison d'etat）。

　　加藤弘之在自傳中說明了他雖遵命學習軍事，但他的興趣是在哲學、倫理學和法律。大約在西元一八六〇——六二年，他曾寫過一本溫和而有田園興味叫《鄰草》的政治小册，並私下流傳。這本小册批評專制君主制和專制集權制（absolute monarchy and aristocratic desposition），而建議實行君主立憲制。依其申述，這個批評是指向西鄰的中國。然無論如何，大家都知道加藤弘之眞正所指的是日本，從西元一八六八年到西元一八七四年，政府允許人民有更多自由後，他出版了三本書，這些書中，他自由主義的思想表現得更明白；最後，西元一八七四年出版的《國體新論》，他大膽肯定此時正是摒除日本人對上官唯恭唯謹奴根性的時候，因爲這些居高位的人使得人民成爲「牛馬」和「天皇意下之奴隸」。結果他被迫辭去「上議院」的位子，而一直到西元一八八九年明治天皇憲法的宣布爲止。保守的國學者甚至勸說當局禁止加藤弘之的著作發行。

　　在西元一八八三年，他的《人權新說》一書，立基在達爾文的自然選擇說，反駁前面所提的「荒唐怪想」——卽人生而有自由、平等

和自治 (self-government) 的權力，加藤弘之宣稱，權力是因國家而生，遺傳和環境解釋了人類之間的差異。

達爾文主義、赫克爾(Haeckel)的一元主義、龔普洛維其(Gumplowicz)的人種人類學等等都被一位繼承加藤弘之思想的學生田畑忍所發展，加藤弘之並在西元一八八三年出版他最成名的著作《強者の權利の競爭》(《強者的權利競爭》)，這本書也曾題爲 Der Kampf ums Recht des Stärkers und seine Entwicklung 以德文出版。

還有一些事情須再加以說明，即加藤弘之很偏愛自然和人類世界的辯證對立，這是一個很有名的說法，並在上個世紀以至於本世紀初期爲所有社會達爾文主義者所採用，我的意思不在於要知道爲何加藤弘之作這樣一個轉變，自然地，根據加藤弘之來說，它們是很哲學、科學的；許多史學家指出（見注），加藤弘之從馬克思主義者的階級興趣蔓延到更意識型態的新觀點之理由，高坂正顯及其他日本思想史家土田杏村都做了研究❸。他們所得的理由都有很好的一面，然這些理由也無法讓人完全滿意。無論如何，在日本爭取民權和民主是失去了根據；幾年之後，新憲法結束了一個從自由觀點看很有希望的時代。加藤弘之比任何其他早期自由主義的「啟蒙主義者」更是在最前線支持這個改變的時代潮流。

---

❸ *Japanese Thought in the Meiji Era*, ed. by Kōsaka, o. c. pp. 87–94; 152–59; Tsuchida Kyōson, *Contemporary Thought of Japan and China*, London, 1927, pp. 40–41; 152; 58，關於加藤弘之的政治活動見如: R. A. Scalapino, *Democracy and the Party Movement in Pre-war Japan*, Berkeley, 1953, pp. 55–56; 71–72; Ike Nobutaka, *The Beginning of Political Democracy in Japan*, Baltimore, 1950, pp. 114–17; G. B. Sansom, *The Western World and Japan*, New York, 1951, pp. 434–35.

另外，加藤弘之在西元一八九四年出版《道德法律之進步》，西元一九〇六年出版《自然界の矛盾と進化》（《自然界的矛盾與進化》），以及其他論倫理學的書和文章，諸如《自然與倫理》、《責任》分別是在西元一九一五年和西元一九一六年出版的。於此加藤弘之的立場沒有改變，他的倫理學是立腳在唯物主義和人類自我主義者的觀念，這個觀念後來受大西祝批評，加藤弘之在一本西元一九〇八年出版而有三百多頁的大書《迷相的宇宙觀》中作答，這本書生硬的重述他的唯物觀點及與基督教的差異❶ 。

東京大學的哲學研究及外籍教授

前面已提過，東京大學是在加藤弘之的領導下，在西元一八七七年從一些先前已存在的教育中心改組而成，從此哲學正式在大學中講授，雖然一直要到西元一八八六年，重新改組這所大學為東京帝國大學，才有真正專門的教授講學；在學校裏，英文被用為上課語言，日本教授用的是英文教本，並將這些教本譯成日文，這種情況部分解釋了英國經驗主義和功利主義何以成功，如同邊沁（Bentham）、史賓塞（Spencer）的觀念在學術界流行，盧梭（Rousseau）和孟德斯鳩（Montesquieu）的英譯本著作也被譯成日文。

對倫理問題、政治問題的討論也在這階段興起，布朗大學（Brown U.）校長法蘭西斯·威斂茲（Francis Waylands）所著的《道德科學入門》（*Elements of Moral Science*），甚至早在西元一八六八年明

---

❶　田畑忍：《加藤弘之》，吉川弘文館，1959，頁 156-63，我的簡述即據於此，書目見頁 208-11；又見麻生義輝：《近世日本哲學史》，頁 256-62。

治維新以前就被廣泛的閱讀，另外他的《政治經濟學入門》(*Elements of Political Economy*) 尤其流通得更廣，同樣彌爾的《代議政治》(*Representative Government*) 也比他的《邏輯系統》更受到重視；另外有關倫理問題而同樣廣泛被接受的書是山姆・史麥 (Samuel Smiles) 所寫的《自助》(*Self Help*) 和《性格》(*Character*)，翻譯山姆・史麥書的人是中村正直 (1832-1891)，他是明六社員中企圖結合基督教和儒學的人 (尤其在他晚年時期)，中村正直也翻譯了 J. S. 彌爾通俗的著作《論自由》(*On Liberty*)；中村正直的教育活動主要是在日本婦女解放運動和婦女教育，從西元一八七五年到西元一八八○年，他出任爲「東京女子師範學校」校長，這間學校受基督教的影響很大，從西元一八八一年起，他是東京大學的漢學教授，他的事業指出了他結合基督教與儒學的努力；在這階段所使用的另一本倫理學書是馬克・霍普金 (Mark Hopkin) 的《道德科學講稿》(*Lectures on Moral Science*)。

在日本最初教哲學的教授中，詹姆士・山莫 (James Summer) 是第一個在「開成所」講授邏輯的人，時間是在西元一八七五年，所用的教科書是佛勒 (Fowler) 的《演繹邏輯》(*Deductive Logic*) 和彌爾的《邏輯系統》(*System of Logic*)；在西元一八七六年，外山正一則使用W・斯巔略・耶芳 (W. Stanley Jevon) 的《純粹邏輯》(*Pure Logic*)。

第一個在新成立的「東京大學」教授邏輯的外籍教授是在西元一八七七年從英國抵達日本，他的名字叫西勒 (Syle)，他的教本是馬克・霍普金的《人之研究》(*Study of Man*) 及黑文 (Haven) 的《心靈哲學》，黑文的書，我們以前提過，曾由西周譯成日文；外山正一則曾用A・扁因 (A. Bain) 的《心理學》(*Psychology*) 及史賓塞的

《心理學原理》(*Principles of Psychology*) 當作教材，外山正一被視爲是史賓塞思想的鼓吹者，他曾在西元一八六六年到英國，然後在西元一八七二年轉往美國密西根大學 (University of Michigan)，在國外學習自然科學和哲學後，於西元一八七六年回到日本，並且成了一個強硬的史賓塞主義者，除了當爲一名心理學教授外，外山正一也被認爲是東京帝國大學在西元一八九三年建立社會學講座的創始者。

史賓塞的社會學，在日本是由一位早期唸哲學的學生有賀長雄所建立的，有賀長雄在西元一八八三年到西元一八九四年出版一套三冊的《社會學》；由於外山正一和加藤弘之 (加藤弘之曾於西元一八九七年出任校長，並在西元一八九八年出任文部大臣)，東京大學早先幾年被認爲是「大學進化論」時代，更好說這個機構是進化論思想的傳播中心。

生物─動物的進化論是愛德華・S・墨斯 (Edward S. Morse) 引介到日本的，墨斯是在西元一八七七年受聘爲動物學教授的美國人。另外一個達爾文主義者是矢田部吉郎，他曾在康乃爾大學 (Cornell University) 研究植物學，而其所持的學說則是赫克爾的一元主義。墨斯在西元一八七九年離開日本，並勸說益那斯特・F・菲諾落沙 (Ernest F. Fenollosa) 從哈佛來日本，菲諾落沙從西元一八七六年到一八九〇年留在日本教哲學史，他以史威格勒的哲學史英譯本 *History of Philosophy* 當教材，講授的內容則包括從笛卡兒 (Descartes) 到黑格爾這段時間，波恩的《現代哲學》(Bowen's *Modern Philosophy*) 也被用爲課本。

菲諾落沙他之所以爲人熟知，是因爲他曾開創性的討論東方藝術作品，他是一個史賓塞學說的信從者，尤其在社會和宗教進化理論更是如此。在西元一八八〇年，井上哲次郎嫌惡的反對此一思潮時，史

賓塞已變成了「時代之神」；還有約瑟夫・克拉克 (Joseph Clark) 博士攻擊達爾文和史賓塞理論的演講，但終究也是徒勞無功；克拉克是在一個環遊世界的機會中，停留在日本做過幾次演講，在那裏人們熱烈的質問他，甚至被要求回答有關異族結婚的好處這種質問，這是日本熱衷希望藉最適當的選擇以改進日本根基之狂熱分子的觀念。

三宅雄二郎批評克拉克只是善辯而已，並沒有什麼深度；他鼓勵介紹《黑格爾的邏輯》(Hegel's Logic)，這本書是威略斯 (Wallace) 所寫的，三宅雄二郎企圖以這本書用來平衡彌爾經驗邏輯的優勢；大約在西元一八九〇年左右，英國籍教授柯普 (Cooper) 講授康德的批判論；然而，德國哲學要一直到西元一八八七年，羅采 (Lotze) 的一個學生 L・布色 (L. Busse)，使用康德的《純粹理性批判》(Critique of Pure Reason) 當爲教本，才正式的被研究。然而這是屬於日本西洋哲學研究的一個新階段，我們將在下一章再加以介紹。

西元一八八四年，第一個哲學團體「哲學界」建立了，會員共有二十九人，領導人物是加藤弘之、西周、西村茂樹、外山正一和一些東京大學哲學系第一批年輕的畢業生，也有從私立學校來的，如井上哲次郎、有賀長雄、三宅雄二郎、井上圓了。而這些人在明治時代第二期哲學發展中扮演出領導的角色。

到西元一八八六年，這個團體人數增加爲六十六人，並在西元一八八七年二月出版第一期學會刊物《哲學會雜誌》，除了一般哲學文章外，這份雜誌也刊登了元良勇次郎討論實驗心理學的文章〈精神物理學〉，這本書現在稱爲《實驗心理學》。元良勇次郎之使用「精神物理學」稱呼這門剛開始的學問，主要是因爲還沒有恰當的術語可資應用之故。

雖然元良勇次郎也是在美國受教育，然而他卻是受益格魯—德國

(Anglo-German) 哲學的影響。 其他人， 如井上圓了留學德國後返國， 便開始形成一股喜好德國或益格魯一德國的觀念論，這股潮流終於取代了早先法—英的實證主義和經驗主義 **⑮**。

---

⑮　特別見遠山茂樹等所編的《近代日本思想史》，卷一，靑木書店，1960，頁 219-56；西宮一積：《近代思想の日本的展開》，福村書店，1960，頁 153-56。英文所寫的簡史有： Miyake Yūjirō:"The Introduction of Western Philosophy," in *Fifty Years of New Japan*, ed. by Okuma Sh., London, 1910, vol. II, pp. 226-41.; Kanedo Umaji, *A Survey of Philosophy in Japan*, 1870-1929; *Western Influences in Modern Japan*, ed. by Nitobe and Others, Chicago, 1931, pp. 56-69.

第二章 保守主義和盎格魯
—德意志唯心論
(1886—1900)

日本對西化的反應

在前一章，我故意避免討論促成明治維新的文化、社會背景，因為對這個問題已經有很多著作討論過了。在這章中，就像前一章一樣，我將稍帶一過地涉獵一下日本所謂反對西方觀念和風俗所持理由的爭論；倘若能在文化現象中指出時間所在的話，這個反應大約是始於西元一八八六年，並且延續到西元一九〇〇年左右；假如讀者對這一困惑人的問題有興趣的話，可以參考❶和日本史學家所作的參考書目❶。

在這裏我要指出，明治時代第一階段對西方事物狂熱嗜好而常掛在口頭上談論的情形，是有一個健全的反應。然無論如何，這個問題

---

❶ 見 Sansom, G. B., *The Western World and Japan*, New York, 1951, pp. 362-72; Yanaga C., *Japan Since Perry...*, o. c., pp. 163-73; *Japanese Thought in the Meiji Era*, ed, by Kōsaka, Pan-Pacific Press, 1958; *Outlines of Japanese History in the Meiji Era*, ed. by Fuji Jintarō, transl. by H. K. Colton & K. E. Colton, Ōbunsha, Tokyo, 1958, pp. 226-313.

相當程度地確定了日本趨好時尙的態度，並且也記錄了社會階層浸透在對西方學問的狂熱中，和觀察到這個時代領導人物所造成的衝擊。這裏，保守主義的反應是要好好考慮一下；我們應該確定的是：在日本明治維新前的歷史背景，是否已經有了一羣中產階級的人呢？由於這個問題極爲複雜，因此也只能明白地提醒讀者，在這本小書中只能略爲提一下而已；至於這個問題的解決，則唯有求之於那些專門探究這方面的書了；在這種觀點下，下面的篇章一定會小心而有些保留的被接受❷。

反外國情緒的波濤從西元一八八七年開始高漲，它的開始是由於日本的對外失敗，不能取消外國對日本的「不平等待遇」，這些不平等待遇是日本門戶剛被打開時被迫簽訂的；一些團體爲廣播「國粹」而興起，在某種意義下，維新前狂熱羣眾的口號：「尊王攘夷」從未滅絕過。西元一八八一年，天皇的老師：儒學者元田永孚（1818-1891）建議採行基本的「修身」，以作爲日本青年的國家道德訓練，這建議被福岡孝弟縮結成「以國教及儒教爲根幹」一句話。

可是事實上，重點是放在「國教」之上。至於儒學，在實際應用

---

❷ 關於明治維新的荊棘障礙見 John W. Hall, "Japanese History," Publication N. 34 of the Service Center for Teachers of History, Washington, 1961, 書目表，頁 43-48。日文書目見：John W. Hall, "Japanese History," *A Guide to Japanese Reference and Research Materials*, Ann. Arbor, 1954, pp. 94-100. 在這裏我特別要加添 J. Siemes 解釋新穎的文章：H. Roesler und die Rezeption des deutschen Staatsrechts in Japan，見 Nippon, 1961, N. 1, pp. 1-7, Japanische-Deutsche Gesellschaft E. V., Tokyo；及他四篇以日文寫成的文章："The Social Development and Constitutionalism in the Theory of Constitution of H. Roesler" 見《國家學會雜誌》，1962, No. 1-8.

上則與中國大異其趣，儒學在日本先前曾爲德川將軍用作政治的工具，現在則爲「新帝國之道」的意識型態者所取用，西方學術也被用以支持新的專制，這種情形我們可以在加藤弘之的唯物進化論中見及。西元一八八九年，具有西方心態的明六社成員，文部大臣森有禮，以他的生命爲代價，償付了他對日本國家神話的聖地伊勢神宮缺乏敬意的主張。如同仙松（Sansom）和其他人所指出的，森有禮所訂的新式學校及大學的規章，拉近了他與「國學者」的關係，這些國學者強調的是日本學問，其例子如元田永孚卽是；而在強調西學重要性中，森有禮指出學校的目的是爲國家好，而不是爲學生；東京大學的改組並易名爲東京帝國大學，其目的卽在使它更具官方的性質，這是針對當時如雨後春筍般氾濫興起的私立文科學校所必須採取的行動；森有禮在西元一八八六年三月至四月間發布四個佈令，這些佈令包括了小學、中學、帝國大學以及師範學校條例，這些佈令後來成了現代日本學校系統的基礎。

　　爲了避免對複雜問題做過分的縮減，我們應該回想一下明治天皇在西元一八七九年年初「教學大旨」詔令的教育精神、民族主義、儒學與西方思想對立的問題，正反雙方有元田永孚與明六社另一位成員西村茂樹作過許多辯論。這兩人都贊成民族主義，他們的支持者分別是福澤諭吉和森有禮，福澤諭吉和森有禮並將這個問題帶到更高的決策機構貴族院辯難；然無論如何，最後佔上風的是儒學者；森有禮成了狂熱主義的犧牲品，其地位由芳川取所代，芳川曾在西元一八九〇年公布著名的「教育勅語」。

　　排斥基督教（由於內村鑑三事件而變得非常有名），而向懸在所有學校神壇的天皇肖像敬禮，引起了舉國的騷動，一位熱心擁護向天皇肖像敬禮者,井上哲次郎開始從事一個《宗教と教育の衝突》(《宗

教與教育的衝突》）的活動。從西元一八九二年開始，他寫了一些文章稱頌向日本天皇肖像敬禮的運動，並且批評世界性的宗教，如基督教，他以為基督教徒錯誤的將基督置於天皇之上。

在分析井上哲次郎及這時期其他的哲學家之前，神道教乃至於儒學似乎應該加以討論，因為它們在明治維新後的起初幾年扮演主角角色。大力的施行國家神話，甚至教導學生如「廢佛毀釋」的運動，摧毀佛教寺廟和佛像，並率先以取消長久以來就存在（從奈良朝開始710-794）的佛—神道混合教的宗教政策開始❸。

這時代的精神表現在西元一八八九年二月公布的新憲法上，這個憲法的草成說是參考了西方二十餘國的憲法而成的，然卻也是東方面對西方影響的一個怪異例子！這時期討論民權和民主制度的熱潮也消失了，明治朝的第二階段，在表現對人權的熱心後，已讓步退到一個更保守傾向的時代裏去了。然而，這個時代也是藉時代思想家思想展開而說明的過渡時代。

西村茂樹、井上圓了和三宅雄二郎的舊思想和新範疇

西村茂樹（1828-1902），我們在前面說過他熱中儒家的倫理學，然而他也是開啟日本接受西洋的先驅；他與森有禮奠立明六社；就像仙松、高坂正顯及其他人所指出的，西村茂樹並不是狂熱的儒家信

---

❸ 關於元田永孚扮演的角色，見 W. W. Smith Jr., *Confucianism in Modern Japan*, Tokyo, 1959, pp. 68-88，又見：海後宗臣:《元田永孚》，文京書院，1942，這本書包括他的思想研究及他的文章；關於佛教、基督教等見: *Japanese Religion in the Meiji Era*, ed. by H. Kishimoto, tranl. by J. F. Howes, Ōbunsha, 1956, pp. 111-24; 251-76。

徒；他雖然寫了〈修身治國非二途論〉，然而他在這篇作品中所強調的，恰與西周的《百一新論》相反。在這篇文章中，他將國民道德視爲領導國家的主要方法，他並不單單要求大眾如此，也強烈批評當時治理百姓的官員的道德行爲。他曾向日本天皇進講西方學術，在他早年建立「日本弘道會」或寫作《日本道德論》時，他所原始提議的國民道德規範，並沒有採取像後演變成的激進愛國主義形式。他也相當激烈的批判儒家的許多觀點，根據他的意思（他沒有很精確明白的說出），這是因爲儒家過分保守、過分強調權利、缺乏責任、輕女等等。

　　西村茂樹曾在東京做過一系列演講，討論日本道德，由此他並寫了一本同名的書；然而他的講演充滿着西方倫理學的批判精神，並且提出一種曖昧的二選一折衷主義，因而使得他的哲學不能立足，並且傳到他人手上時，這些想法變得比西村茂樹所企圖的更拘限於國家主義❹。

　　井上圓了 (1859-1919) 是另一個企圖以西方範疇來聯結、改革東方的佛教，以用來對抗西村茂樹對儒家所做的努力。井上圓了出身於佛教僧侶的家庭。從青年起，他就精通英文和中文經書。西元一八七三年，他熱心的投身到西學的研究，後來本願寺送他到東京大學研習哲學，並在西元一八八五年畢業；他曾兩度前往歐洲，第一次是在西元一八八七年，另一次則在西元一九〇二年。他建立了「哲學館」，這個哲學機構是「東洋大學」的前身，東洋大學則是一個受佛教影響的學術機關。井上圓了在他的《佛教活論序論》和另一著作《眞理金

---

❹　西村先生傳記編纂會編：《泊翁西村茂樹傳》，二卷，1933。西村的全集有，日本弘道會西村べ圖書部編：《泊翁全書》，三卷，1903。西村茂樹：《日本道德論》，吉田熊次編，岩波書店，1935；《日本道德》一書又見於《日本哲學全書》，卷十四，頁 269-354。

針》中強烈地批評基督教，基督教之所以被排斥是由於它的反科學教條，例如基督之爲天主的兒子、及復活的奧蹟；然而，井上圓了承認印度教和佛教，特別是華嚴和天臺兩個大乘佛教宗派，這是因爲他們強調「理體」，理體近似黑格爾的「泛邏輯主義」(panlogism) 或「泛理性主義」(pan-rationalism)，並且也接近現代西方科學的進化理論。這個「理體」是宇宙的基本構造，超越在唯物主義和唯心主義之上。渥斯特瓦 (Ostwald) 的「唯能論」(energetism)，與佛教「實在」(reality) 的觀念距離也不太大。

井上圓了的《哲學一夕話》，以西方標準看，較上述幾本是「更哲學」。井上圓了最重要的工作是爲佛教辯護，這點我們在他的《神學講義》及《宗教新論》可以看出。至於他的折衷論點則很清楚是探取相對主義的立場，而這種立場他則視之爲是關於宇宙和神本質的問題；基於這個立場，因而有四個不同的對話者，井上圓了自己則爲第五人，神 (God) 在不分物質、心靈、超越和內在時被表現出來。根據井上圓了所探取的立場，對他來說，神是每一事物，也是任一事物 (God was everything and anything)；是實體，也不是實體；是物質，也是精神。這種辯證法深深影響到西田幾多郎，西田幾多郎很喜歡讀《哲學一夕話》，可是在另一方面井上圓了則深受大西祝的苛評❺。

第三個思想家是三宅雄二郎（雪嶺，1860-1945），事實上，三宅雄二郎除當爲哲學家外，他也被視爲是一個評論家和報人，這是由於

❺ 關於井上圓了的《倫理新說》，見遠山茂樹編：《近代日本思想史》，卷一，頁 212-19; *Japanese Thought in the Meiji Era*, ed. by Kōsaka, o.c., pp. 242-45; 東洋大學學友會編：《井上圓了先生》，1919。

他創辦了保守派的雜誌《日本人》。他在西元一八八三年畢業於東京大學的哲學部，畢業後他還在學校留了一段時間，西元一八八七年任為東京專門學校（後來的早稻田大學）講師，這時他同時在東京專門學校講授邏輯外，並在另一學校——哲學館講授西洋哲學史；在後一學校期間，他得井上圓了及其他思想家之助，創立了「政教社」，政教社的旨趣是在政治和道德教育。西元一八八九年三宅雄二郎出版他第一本哲學著作《哲學涓滴》，這是一本自笛卡兒到黑格爾的哲學史綱，大約西元一八九一年前後，他又出版了論日本民族的文章，這些文章，他坦誠、眞實的討論日本人好與壞兩方面的特質，也顯示出他在當時極端國家主義浪潮中所持的溫和國家主義。

　　三宅雄二郎的社會—政治觀點是受史賓塞有機國家論的影響，並且也受有卡萊爾(Carlyle)的英雄崇拜影響。他的作品《我觀小景》，出版於西元一八九二年，以哲學觀點來看，這本書是佔有很重要地位的，它跟着哈特曼（E. v. Hartmann）和叔本華（Schopenhauer），特別強調意識的虛幻本質，將之描寫成爲「實在之夢」，開始於幻想而止於空無。他華麗的文體和過分的隱喻應用，使他有很大的讀者圈，但也招致嚴厲的批評，高坂正顯稱三宅雄二郎的思想是「詩的哲學」，並且說他之「迷戀」死後能有的自由、平等、眞理、美和其他德善之境，顯示出他對「絕對不存在」之傾向。這個觀念經常在宗教思想家（如西田幾多郎及其他人）的作品中復活；然而三宅雄二郎的系統中卻很少含有宗教的神秘主義色彩，他所顯示出的是一個行乎中庸（middle-way）的自由思想家。關於他的名望，必須說明的是：在後日的歲月中，他更孳孳於對保守潮流的批判，及注意社會問題；在西元一八八八年，他在他的《日本人》雜誌早就提出方案以緩和對北九州煤礦挖礦工人的非人待遇。西元一八九〇年，三宅雄二郎得片

山潛和噶斯特（Rev. C. E. Garst）的協助，組成了一個社會問題的研究學會。

土田杏村以爲三宅雄二郎同德富蘇峯——民友社的創立人一樣，都是日本一般意義下採取中庸之道的好榜樣。這個評斷不錯，特別是在西元一九二五年土田杏村寫這篇文章時；然而後來德富蘇峯從自由主義走進保守主義❻。

井上哲次郎的思想和影響

在前面我們曾提到井上哲次郎（1855-1944）是一位反對基督教的領導人物，並且也是鼓吹民族教育的領導人物；他的年壽很高，他的活動也很多，他扮演的角色跨越日本歷史明治時代的三個階段，並且延續到大正、昭和時代。他是第一個被任命爲東京大學哲學教授的日本人，雖然他從早年的史賓塞主義轉變爲日本儒學家，但是他的知識進展和地位仍然值得特別提出來。

他生於福岡縣大宰府的一個醫生家庭中，很小就接受中國經典和英文教育，西元一八七五年進入開成所，後再進入新成立東京大學的哲學科；他在西元一八八〇年畢業，後來他受聘任爲助教授；西元一八八四年，他出國前往德國留學，在德國他聽了菲秀（K. Fischer）、

---

❻ 關於三宅雄二郎（雪嶺），《日本人》見吉野作造編：《明治文化全集》，日本評論社，1928-30，二四卷，卷十五，頁 431-523。《哲學涓滴》的節要見：三枝博音等編：《日本哲學思想全書》，卷一，頁 135-99；柳田泉：《哲人三宅雪嶺先生》，實業の世界社版，1956；又見遠山茂樹：《近代日本思想史》，上引，卷二，頁 279-89；*Japanese Thought in the Meiji Era*, ed. by Kōsaka, o.c. pp. 245-48; Tsuchida K., *Contemporary Thought of Japan and China*, o.c. pp. 30-31; 173.

切樂 (Zeller) 和溫德 (Wundt) 的課，並接觸愛德華・馮・哈特曼 (E. von Hartmann) 及菲赫納 (Fechner)、歐托・李普曼 (Otto Lipmann) 等哲學家。他是在西元一八九〇年返回日本的，返回日本後，他被任為哲學教授 (ordinary professor)，西元一八九七年至一九〇四年更出任文學部學部長 (文學院院長)，西元一九一六年被選為哲學會會長，西元一九二五年成為「大東文化學院」的領導人物，這個機構有很明顯的國家主義目的；西元一九二六年，井上哲次郎卻惹上了一些麻煩，因為他在談論「國體」時不經意流露出一些不滿，在早先一年，他寫了《我國體と國民道德》(《我國國體與國民道德》)一書，這是一本已經經教育機關審查過的資料書，其中充滿「修身」(或國民道德) 教材。這些資料並將祖先和英雄崇拜與道德化而為一，然而井上哲次郎在表示團體神性的三個符號之解釋時，卻被認為大不敬；為避免更強烈的批評，他辭去了他的職位。

井上哲次郎像激進的國家主義者穗積八束一樣，偏愛西元一九〇八──一九一一年的倫理學教本，其中較後一些教材是關於道德教育；這種偏袒，他表現在西元一九一一年出版的《國民道德概論》一書中，並且這種偏袒並沒有多少受前述的事件影響；根據W. W. 史密斯 (W. W. Smith) 的說法，井上哲次郎在西元一九三二年前試圖迂迴曲解儒家經典，用以合理化日本侵略滿州、中國的政策；在此同時，儒家的「王道」，逐漸被畫同成為日本的「皇道」；井上哲次郎的國家主義與戰爭的接近與日俱進，西元一九三九年，他在《東洋文化と支那の將來》(《東方文化與中國的未來》)一書中，提出日本是「新東亞の文化」(新東亞的文化) 領導國的說法。

井上哲次郎的國家主義表現得最清楚的，是在他西元一九三四年出版的《日本精神の本質》一書中，這本書分析神道教、國家精神和

日本的精神文化。

　　井上哲次郎最權威的著作都是有關東方思想這個主題，它們是兩部極大的原典全集。第一套是《日本倫理彙編》，這部叢書中含有七十七種德川時代的儒學作品；另外兩部叢書，其一是關於「武士道」（日本武士階級的道德法典），這部《武士道叢書》於戰時出版；另外井上哲次郎也編輯了一部佛學字典❼；他對日本陽明學的討論是相當獨創的，在這本書中他討論了中江藤樹、熊澤蕃山、大鹽平八郎（中齋）以下一直到德川幕府結束的思想家。朱子派的哲學也在另一本書中討論到，這本書後來成了這支日本儒學的標準著作，井上哲次郎從藤原惺窩、林羅山開始討論，並且還討論到山崎闇齋及水戶學派，另外一本則討論「古學者」，即先於宋朝朱熹講解儒家經典的儒學，這部重要著作中，重實踐的思想家如山鹿素行、伊藤仁齋、荻生徂徠等都有提及，他的目的，就像論陽明學派一書序言中所指出的，是想拿儒家倫理學與流行的功利主義和個人主義倫理學做對比；德國觀念論的影響在這些書表現得很明白，這些書是井上哲次郎從德國回日本後不久刊行的。

　　井上哲次郎的學術聲譽是建築在上述幾本書上，雖然他從外國回日本後，研究主題一般是在儒學及中國思想，不過他也講授西洋哲學。在早期「啟蒙主義者」階段，井上哲次郎他寫過一本《心理新說》，並在西元一八八二年出版，第二年又寫了《西洋哲學講義》和《倫理新說》，《倫理新說》是根據西德維克（Sidgwick）的《倫理學方法》（*Methods of Ethics*）並略加擴充而成的。高坂正顯對《倫理新說》的批評，主要是針對於其中含有折衷主義，井上哲次郎的折

❼　此處原書作「佛學字典」，但依譯者所知，井上哲次郎似沒有編佛學字典之舉，故疑原作者將《哲學字典》誤記做《佛學字典》，參見本書頁33。

衷主義企圖結合西德維克的快樂論、史賓塞的進化主義及東方的聖人
倫理學。史賓塞之所以進入這藍圖，乃是因爲井上哲次郎相信，爲了
解倫理學的本質，必須了解「宇宙の實體」（宇宙的實體），不能知
的「萬有成立」（普遍存在）則含有空間、時間和力。

　　在西元一八九七年，井上哲次郎曾爲《哲學雜誌》寫過一篇文章
〈現象卽ち實在論〉（〈現象當爲實在論〉），這標題是井上哲次郎譯
自德文 Identitätsrealismus （同一實在論）， 井上哲次郎期望克服赫
克爾(Haeckel)及加藤弘之的素樸實在論；這種素樸實在論企圖將實
在與外界經驗畫等號，這種理論實際上是基於內在且直接的直觀而得
的。他也相信康德和 E・馮・哈特曼 (E. von Hartmann) 之把現象
世界和實在分開的企圖也是錯誤的。據此，赫克爾的一元論和康德的
二元論無一是對的，而所需要的是一種彼此等同的實在論(a realism
identifying and with the other)， 或是超而越之。 然而， 井上哲
次郎並沒有解釋他所希望解決掉讓人左右爲難的新認識理論本質； 相
反的，他引入佛教的觀念；根據一些批評家的說法，這些觀念使得問
題更爲複雜。

　　在西洋哲學園地裏，井上哲次郎的最大功勞是《哲學字彙》的出
版。這部字典完成於西元一八八一年，並由於有賀長雄的努力，在西
元一八八二年出版了修正版，有賀長雄是井上哲次郎主要的合作者，
在井上哲次郎到德國去時， 他承擔出版事宜。 這部字典完全的新版
本則出版於西元一九一二年， 並附有英文的副標題 Dictionary of
English, German and French Philosophical Terms （英、德、
法文哲學術語辭典）， 井上哲次郎編這部字典曾得有元良勇次郎和中
島力造的協助；可是批評仍然很激烈，耶穌會神父土橋八千太，一位
上智大學博學的教授，他精通士林哲學，尤其更精於漢字，在《讀賣

新聞》寫了一篇長篇累牘的文章指出許多士林哲學術語的誤譯和不適
當。然而，井上哲次郎則有相當寬廣的心胸承認自己的錯誤。直到他
死前，他常諮詢土橋八千太神父許多漢字的問題，在這領域中，他自
知長足不及這位耶穌會神父。井上哲次郎曾建議著名漢和字典《諸橋
漢和辭典》（共十三冊）的編者諸橋轍次，去應用這位謙虛神父的知
識，這個故事是這位神父勉強之下告訴我的，他並出示給我看他批評
井上哲次郎哲學字典的文章。

　　要敍述完井上哲次郎所有的著作和學術活動，這是既不可能的，
也是不需要的。他是一個著名的詩人，曾在他「啟蒙主義者」時代那
段時間嘗試以西方形式改革傳統的「徘句」和「和歌」體。後來他成
爲少數仍寫中國古典詩體的人之一❽。

---

❽　井上哲次郎:《自然と宗教》(《自然與宗教》)，弘道館，1915。這是
　　一本文集，也是代表井上哲次郎哲學、宗教、自然倫理等觀點的重要著
　　作；井上哲次郎更有系統的著作是他《明治哲學界の回顧》(《明治哲
　　學界的回顧》)的最後一部分〈自分の立場〉(〈我的立場〉)，岩波講
　　座哲學，岩波書店，1932, pp. 72-86。這篇文章討論「教育與宗教的衝
　　突」，一部分也能在上述《日本哲學全書》，卷十五，pp. 305-36 中
　　見到；底下是井上哲次郎的國家主義:
　　《我が國體と國民道德》(《我國國體與國民道德》)，弘文堂，1925。
　　《日本精神の本質》(《日本精神的本質》)，小倉弘文堂，1934，重編
　　　本，1941。
　　井上哲次郎論日本儒學有:
　　《日本陽明學派の哲學》，富山房，1897, 1900。
　　《日本朱子學派の哲學》，富山房，1902，重編 1945。
　　《日本古學派の哲學》，富山房，1905，重編 1918。
　　井上編的書有:
　　與蟹江義丸合編:《日本倫理彙編》，十卷，育成會，1901-1903。
　　與有馬祐政合編:《武士道叢書》，三卷，博文館，1905。
　　關於井上哲次郎見:船山信一:《明治哲學研究》，ミネルバ書院，

批評心態的倫理學家：大西祝

　　大西祝在他的時代中，與其他許多知識分子之與政治合流，可以算是非常顯明的例外；與井上哲次郎和三宅雄二郎比起來，他在社會—政治領域之努力求取清楚的思想和適當的地位界限，就像他在哲學領域的努力一樣。大西祝並不喜歡井上哲次郎那樣的對國家認同，反對的潮流也得不到他的好感，而他的年壽也不永，只活了三十六歲，因而也阻礙了他建立一個思想體系。

　　日本現代哲學史家，左翼分子和唯物論者，乃至於高坂正顯都給予大西祝很高的評價，高於井上哲次郎；在做為一個西洋哲學史家，甚至有人給予他比波多野精一更高的地位，關於波多野精一我們在以後將會討論到。大西祝對西方哲學的了解特別深，他受過康德批判主義傳統的最好訓練，他尖銳、批判的心靈與當時流行的曖昧折衷主義比起來是健康的。

　　大西祝對社會—政治問題採取一個理智的態度，他既不支持西化主義，也不支持日本民族主義；既不極端也不保守，他所喜歡的是代之以超越這些一曲之見的理論，他比較、判定和批判所有的潮流，雖然他很輕易對時代流行理論的好和壞下判斷，可是他從不接受激進主義或保守主義空虛的或抽象的吶喊。

（續）1950，在頁 77–126 有一長章〈現象當為實在〉在井上圓了、井上哲次郎、清澤滿之和三宅雄二郎思想中的研究；尊敬會編：《井上先生喜壽紀念文集》，富山房，1931；又見遠山茂樹：《近代日本思想史》，卷一，頁 246–50；W. W. Smith Jr. *Confucianism in Modern Japan*, Tokyo, 1959, pp. 12–13；92–93；196；*Japanese Thought in the Meiji Era*, ed. by Kōsaka, o.c. pp. 239–42, 377–90.

在他的哲學中也是如此，他相信哲學有一個責任是去澄清和界定一些因流行用法和黨派興趣而變得混亂的觀念，以減低學者的爭辯變成爲言辭的爭辯。

大西祝生於岡山；他曾在同志社大學就讀；西元一八八五年他進入東京大學哲學科，並在西元一八八九年畢業。他曾經在東京專門學校（早稻田大學前身）講授哲學史、邏輯、倫理學和美學；西元一八九八年他前往德國做進一步研究，等他回日本時，他受邀前往京都大學，當時京都大學正從事一系列文學部門的改組工作。他的死亡來得太快了，若他能活得更久些，京都大學可能發展出完全不一樣的哲學，在他出國前，他曾任《六合雜誌》的編輯工作，這份雜誌是在西元一八八〇年由小崎弘道創刊的。這份含有基督教味道的刊物正與《東京學藝雜誌》打對臺；《東京學藝雜誌》是一份保守的刊物，由一羣屬於東京帝國大學的人員所編輯的，特色是刊載許多井上哲次郎等人的文章。

大西祝當爲教育家或老師的資格，人們認爲是極出色的，這是因爲他態度溫和而少偏見，他的研究方法被形容爲小心、澈底而不獨斷，他給人家的印象像是一個演說家，如果我們能夠信任著名小說家島崎藤村生動的評論。首先，大西祝當爲一個具有批判心靈的哲學家，與他同時代的人比起來，他的長處是在他不贊成形上學華麗寓言般的風味。其次，他提出一套倫理的唯心論，雖然並不完全，但只要努力建立這一套倫理的哲學，將能超越東西兩方。

高坂正顯在討論大西祝時曾指出，大西祝深受其基督教背景的影響，直到現在，一直有許多基督教徒的觀念在政治問題上被搞得七葷八素；在他更積極的作品《良心起源論》中，很明顯受了 T. H. 葛林（T. H. Green）的目的進化論和後來康德的批判主義影響。

　　在消極方面，大西祝要取消井上圓了的神，他把這種神叫做「圓了之實體」， 他很輕易就指出這種折衷的辯證論， 就如同「水火不容」一樣是不可能的， 他還以爲井上哲次郎這種訴諸於「曖昧性」（obscurity） 或是哲學問題的難結， 並不是解決的辦法，他說：以這樣一個觀念來代替，寧是哲學的結束，而不是哲學的特性，因爲曖昧的學說是無法去評估的。關於三宅雄二郎對寓意的濫用，他就問這個世界擁有什麼樣的意識，因爲這個世界近似乎旣非一場空夢，也沒有一種無意識狀態；雖然大西祝極爲熱衷進步和演化論，但對於加藤弘之的機械演化論，他則以爲，在歷史的領域裏，準則（standards）的表現，旣不能單於物質世界，也不能單單只在歷史中，而是要超越過歷史和演化之外。

　　井上哲次郎的攻擊基督教和元良勇次郎關於國家和基督教徒間關係的看法， 遭到大西祝的批評， 他覺得基督教並不反國家， 也不反日本， 基督教之爲非此世界和針對眾生的意義上， 它是「非國家」（non-state）。高坂正顯在討論大西祝的國家政治問題時， 道出了個人的感受說：「關於此，我們覺得，並且不只是我們如此覺得，大西祝的思想在日本若能變得有相當大的決定力量，他們可能能夠爲後來的國家主義（nationalism and statism）預做一些限制了。」

　　在積極方面，他介紹西洋哲學，對他來說，這是一種學術工作，是要融合對材料的豐富知識以及對外來觀念日益精確的翻譯，這個工作開始於西周，後來由於大西祝的夭折而有些遲滯；最後在西元一九一〇年又重新開始，並且規模更大。大西祝的倫理觀，在《良心起源論》中表現得很明白，這本著作事實上是他的大學畢業論文，並在他死後才出版；他認爲良心是源自於人類充實自己理想傾向而來的，這個理想必須實現以符合人所欲求的整體性， 因爲人是這整體的一部

分。人生命的目標是他的理想，他必須不斷的努力追尋，雖然他是不能充分實現，對大西祝來說，良心是追尋理想的刺激力量。

在晚期的文章、專書中，康德的影響便表現出來了，這種影響表現在知識論和道德問題兩方面上，大西祝覺得唯心主義者的「理想」("ideal" of idealists) 並不十分清楚，而自然主義者則不能解釋道德意義；因此，他的立場並沒有經過仔細推敲，他拋棄了不正確的理論，但卻沒有建立自己的；換句話說：他不能完成他的工作而死，這正指出他自己的不足。他在倫理學上的傾向表現在「丁酉倫理會」（懇話會）的基礎上，（丁酉倫理會是一個倫理學研究社團）及他的《倫理》一書和許多文章上❾。

實驗心理學；克伯先生(Koeber Sensei)

元良勇次郎經常被認為是介紹實驗心理學進入日本的哲學家，他自同志社大學畢業後，便前往約翰霍普金斯大學 (John Hopkins University) 研究心理學和社會學。他在西元一八八七年返回日本，並受聘任教於東京大學。他寫過二本心理學的入門書，如前所述的《精神物理學》，這種叫法是由於實驗心理在東方就如同在西方一樣，以一種精神的物理學而被接受，附帶要說明的，元良勇次郎並不是一個唯物論者，而是一位基督徒。他試圖以人類逐漸形成而規律循環的心理關係，去統一雜多的心靈現象；他稱呼這個理論為「心的循環活

❾　《大西祝全集》，啟成社，1927，七冊，卷一：〈論理學〉；卷二：〈倫理學〉；卷三—四：〈西洋哲學史〉；卷五：〈良心起源論〉；卷六：〈思潮評論〉；卷七：〈論文および歌集〉（〈論文與歌集〉）；關於大西祝資料見: *Japanese Thought in Meiji Era*, ed. by Kōsaka, o. c., pp. 248–61；遠山茂樹：《近代日本思想史》上引，頁 251–56。

動」。這種活動能由統計學方法測定、衡量。在道德問題上，他贊成
大西祝，反對加藤弘之的唯物論，他推論說倫理學不能單基於風俗習
慣（mores or customs）；因爲這些元素只表現其「所是」而不表明
其「何以應是」（manifested only what "is" not what "ought"
to be）。在對於天皇的教育勅令的意見，元良勇次郎是相當保守的。
在這點上，元良勇次郎與大西祝的意見不一致，並受到大西祝的批
評。另一位更專精的心理學家是松本亦太郎（1865-1943），他曾在耶
魯大學（Yale）研究心理學，後來又前往到來比錫（Leipzig）跟隨
溫德（W. Wundt）學習，松本亦太郎曾在東京師範學校、京都大學
任教，最後接替元良勇次郎在東京帝國大學的地位。

　　松本亦太郎所介紹的溫德心理學，在我們現在所探討的這個年代
裏，並不爲人所認識，更具有影響力的是其他的外國心理學家，其中
最重要的是黑拉德・赫福丁（Harald Hoeflding）的《心理學大綱》
(*Outlines of Psychology*)，這本書並在十九、二十世紀之交被翻成日
文出版，而廣爲人閱讀。在西元一九〇〇年，喬治・涂倫部・拉德
（George Trumbull Ladd）從耶魯來到日本，他的《知識哲學》
(*Philosophy of Knowledge*) 和《行爲哲學》(*Philosophy of Conduct*)
也爲人所熟知，後來並譯成日文❿。

　　其他來到日本的外國教授有西元一八八五年的喬治・W・克諾克
斯（George W. Knox），接着在西元一八八七年有德國人路德斐希・
布色（Ludwig Busse），布色的抵達，開啟了康德兩大批判和羅采
（Lotze）思想的研究。井上哲次郎在他對羅采哲學的批判中，特別直

❿　P. Lüth, *Die japanische Philosophie*, Tübingen, 1944, pp. 93-96,
　　關於「日本心理學根源及其發展」的要略，見鬼道万太郎發表在 Psy-
　　chologia 的文章，見卷Ⅳ，第一期，1961 年 3 月，頁 1-10，京都。

言不諱的說德國哲學家並不了解他所談的是什麼； 不過， 井上哲次郎卻贊成 E・馮・哈特曼的形上學和黑格爾的辯證法，到了十九世紀末，泡爾生（Paulsen）的思想也爲人所知了。

在當時，德國觀念論比起益格魯—撒克遜式的德國哲學，在學術圈內並沒有傳播開。後一潮流的代表有多瑪斯・希爾・葛林（Thomas Hill Green），他是一位英國哲學家，及一位堅決的新黑格爾主義者，其學說以自我實現爲人生之倫理標準。

由於哈特曼的推薦，拉斐爾・馮・克伯（Raphael von Koeber, 1848-1923）在西元一八九三年抵達日本，接替布色的空缺。

克伯一直留在日本直到死爲止； 第一次世界大戰的發生阻礙他離開日本，他留下給他的許多學生很少數外國籍教授所希望能達到的印象，其中最著名的代表例子有夏目漱石、阿部次郎、和辻哲郎的紀念文字，久保勉所輯紀念克伯的文集《想出》就刊行了五版。

他之所以使他的學生有這樣好的印象，並不是由於他有豐富的哲學知識（他沒有眞正自己的系統）， 也不是由於他博知各種知識，而是由於他的態度引人注意， 他是一個藝術典型的智人—哲學家（artistic type of sage-philosopher）， 幾乎可算是一個神話般理想導師的活現。

克伯被稱爲「先生」， 這個字通常是用以稱呼老師的字眼， 然而這樣尊稱他很明顯含有尊敬他是東方意下的聖師。他生於 Nizhni-Novgorod，即現今的高爾基（Gorki）， 他並是一位混合著瑞典和德國血統的俄國人。從西元一八七九年開始，他進入柴可夫斯基（Tchaikovsky）在莫斯科創辦的音樂學院學習。 在日本期間， 除了教哲學他也在上野藝術學校教授鋼琴；在西元一八七三年， 他前往耶那大學（University of Jena）， 然後再轉到海德堡（Heidelberg）， 西元一

八八一年他提出的博士論文內容是關於叔本華 (Schopenhauer)；他也編輯了叔本華的 *Parerga und Paralipomena* (《附錄與補遺》)，並在西元一八八八年出版了一本研究叔本華的著作，題名爲 *Die Philosophie A. Schopenhauers* (《叔本華的哲學》)。在他執教於慕尼黑大學時，他的《哲學史溫習》(*Repetitorium der Geschichte der Philosophie*) 出版了；在這本書中，他跟着切樂 (Zeller)，特別是枯諾‧菲秀 (Kuno Fischer) 完成了史威格勒 (Schwegler) 的工作。這本《哲學史溫習》後來成了他的 *Lectures on the History of Philosophy* (《哲學史譚》) 的底本，《哲學史譚》這本書是他在日本講學的課本，並在西元一八九六和一八九七年分兩卷印行。雖然克伯以德文上課，可是大部分學生只能了解英文，結果，許多語詞他必須以英文來解釋。他的一些學生將他的演講在事先譯成日文，這個翻譯並在他們自己私人間流通。

他在他的教本中討論了叔本華，並且柏拉圖的悲情 (Pathos) 哲學思想也有提及。西元一九一八年，克伯的《小品集》(*Kleine Schriften*)，同時在日本和德國印行，這本書中收有一些文章，珠璣警言 (aphorisms) 及給東京帝國大學哲學院院長值得注目的信件，在這些信件中，克伯勸告學生要限制研究所有事物的野心，而代之以專心研究一些重要問題上。除了照顧課堂、被分派看無意義的學院論文之外，克伯也遭受今天外籍教師所遭受缺乏眞正外語知識 (指日文) 的折磨。

除了介紹德國哲學 (主要是叔本華的哲學) 外，克伯也視中世紀思想爲一有意義的時期，並教導日本學生就像熟悉希臘哲學一樣認識這段思想；他在家裏也教拉丁文和希臘文，提供學生這種語言知識，

以培養學生閱讀以拉丁文或希臘文寫成資料的能力⓫。

在結束這段佔居日本政治、社會一段大變遷的討論之前，應該提到的是：在當時，除了東京大學外，一般說來，德國唯心論和德國哲學家並不爲人所知，它是偶然地與反動潮流相合致，這個潮流早已明白顯示正邁向於新唯心論和個人主義，並將流行於下一個十年，這個潮流主要是包含新黑格爾葛林（Green）的英——德唯心論，葛林的理論對於早期功利主義倫理學潮流來說是副解毒劑。倭伊鏗（Eucken）的新唯心論則是由井上哲次郎《哲學と宗教》（《哲學與宗教》）而介紹入日本的；井上哲次郎這部著作是一文集，並部分地反省了時代精神。

早期社會主義者的想法和唯物論

在這裏概述一下社會主義思想和唯物論，以補充前面講述的內容；不過，敍述的年代略有超出本章討論的範圍。在日本近代哲學史中，社會主義思想和唯物論是一個很重要的傾向，因此解析一下它的

⓫ Raphael von Koeber, *Repetitorium der Geschicht der Philosophie,* Stuttgart, 1890.

Raphael von Koeber, *Lectures on History of Philosophy,* 2 vols. 1897, 特別見 vol. 2, pp. 382 ff.

Raphael von Koeber, *Kleine Schriften,* Iwanami Shoten, 1918, pp. 268-72, 日文版：《小品集》，岩波書店，1919。

久保勉：《ケーベル先生とともに》（《與克伯先生在一起》），岩波書店，1951, 1952，第五版。

和辻哲郎：《ケーベル先生》，アテネ文庫，1948。在所有領導性的思想家如夏目漱石、西田幾多郎、波多野精一、阿部次郎、三木清，他們的全集中都有短文紀念克伯。

根源是有需要的。

　　在西元一八七〇到一九一一年代中，很難將唯物論和社會主義連結在一起，主要是因為日本早期社會主義思想家的思想，常以人道、基督教的觀點來看社會問題的，我們在第一章曾指出，西周之於社會主義，他是被歸到法國社會主義；至於 D. W. 倫德 (D. W. Learned) 這位同志社的美國新教傳教士，則以政治經濟的觀念來討論社會主義，這事是從西元一八七九年任教開始。倫德善於批評資本主義和社會主義，對於社會問題，他則提議出一個基督教的、人道的解決。加藤弘之也一樣，他在西元一八七〇年出版的《真政大意》一書上批判社會主義和共產主義。

　　報紙上特別報導歐洲社會運動和工人罷工，這是日本人關於社會主義主要的資料來源；馬克斯 (Marx) 很明白的是在西元一八八一年由小崎弘道介紹入日本的，西元一八八二年多瑪斯・莫爾 (Thomas More) 的《烏托邦》(*Utopia*) 和 T. D. 渥些 (T. D. Wolsey) 的《共產主義和社會主義》(*Communism and Socialism*) 也譯成了日文，東方第一個社會主義黨是在西元一八八二年五月組成的，但是在六月就被解散掉，雖然當時日本已日漸邁入自由的階段。

　　當時大家流行閱讀的雜誌《國民の友》(《國民之友》) 和《日本人》也討論社會理論和實際問題，前者，由我們前面曾提過的德富蘇峯所創辦，鼓吹一種民粹主義 (populism)，而在其中則巧妙地混合着羣眾崇拜 (the cult of the ordinary man)，模糊未明朗的社會主義和清楚明白的國家主義。基督教徒和田垣謙三和元良勇次郎兩人則在《日本人》上寫文章批評社會主義，他們提出具體的方案以緩和九州礦工的悲慘情況。德富蘇峯介紹 H・喬治 (H. George) 的著作，後來又介紹愛德華・卡本特 (Edward Carpenter) 的《今日的社會主

義》(*Present day Socialism*)。

　　第一個研究社會問題的團體是在西元一八九〇年組成的，領導人物爲三宅雄二郎，片山潛和查理士・E・噶斯特 (Rev. Charles E. Garst)，噶斯特是 H・喬治的一個熱心追隨者，也是一個特別稅系的支持者。後來片山潛變成了日本社會主義的領導者；最後，他前往到俄國，並在那裏停留到死爲止。片山潛本來是一位基督徒，可是在後來他宣佈放棄他的基督信仰。在早期另外還有其他的基督徒於西元一八九八年成立「日本鐵道矯正會」。大約此時，片山潛定期在東京聯合教堂 (Unitarian Church) 領導舉行會議討論社會主義；其他著名的人員是基督徒安部磯雄，安部磯雄畢業於同志社大學和哈特福神學修院 (Hartford Theological Seminary)，後來任早稻田大學教授和社會民眾黨的名義主席，另外參加會議的人是幸德秋水，他則確實不是基督徒。

　　這些會議結果形成了「社會主義研究會」，這個團體是在西元一九〇一年春天成立的，但在幾次分裂後，像元良勇次郎等更自由的份子就退出了，然後片山潛等人便成立社會民主黨，但是這個黨只維持了三個小時，因爲警察命令片山潛要立即解散它。

　　日俄戰爭 (1904-05) 是社會主義者和基督教徒在反戰會議上連結起來的另一個機會。這次會議在東京基督教青年會 (YMCA) 總部舉行，《平民新聞》，這是一份由幸德秋水和堺利彥創辦的激進周刊，成爲反對資本主義戰爭和旣存社會秩序 (the existing social order) 最激烈的口舌；著名的基督教領袖內村鑑三，也熱心於和平運動；他毫無猶豫的爲幸德秋水的《帝國主義》一書寫序；在西元一九〇四年十一月十三日出版的《平民新聞》，刊登了馬克思—恩格斯的〈共產黨宣言〉(Communist Manifesto)，雖然當時較佔優勢的潮流是托

爾斯泰（Tolstoi）的和平主義和克魯泡特金（Kropotkin）的無政府主義。

西元一九〇五年，國家社會黨，其後演變成爲日本社會黨，由片山潛、堺利彥和西川光二郎組織成立。日本政府則以礦工、農人暴動爲口實，採取了更嚴厲的尺度反對社會運動。西元一九〇〇年，所謂保護公眾安全法案通過了，它的施行逐漸變得僵化，阻礙開通朝向合法政黨運動的進步潮流之努力。木下尚江，他是一個基督教社會主義者，終於不得不訴諸小說（如他的著名小說《火の柱》（《火柱》））來討論社會主義。其他人則採取一個較爲理論的方式，激進分子如幸德秋水則拋棄任何種類的「巴力門主義」（議會主義），而熱衷於直接的、革命的行動。西元一九一一年幸德秋水和其他十一個人，包括他的太太，以所謂陰謀危害天皇生命而被吊死，對日本所有社會進步運動，這是一個致命傷；後來愈來愈多人不得不限制他們對社會主義的興趣，而轉向社會思想做學究式的批判研究，最後甚至社會小說也被禁止了。

在早期日本社會主義之與基督教連結在一起的理由並不難理解；傳統思想、佛教、儒家的形式都一樣，沒有太多的進步思想，甚至缺乏所謂一般工人陣線的國際精神基礎，至於國家主義的神道教那就更不用談了。馬克思社會主義乃至於共產主義，更大力幫助了改變早期日本基督教觀點的社會主義❶。

在簡介幸德秋水的思想前，他的老師中江篤介(兆民，1847-1901)有需要提一下，中江兆民這個名字是他的筆名，他很明顯是一個傾向

---

❶　見安部磯雄 (Abe Isoo): Socialism in Japan, in *Fifty Years of New Japan*, o.c. vol. 2., pp. 393–512; *Japanese Thought in the Meiji Era*, ed. by Kōsaka, o.c. pp. 332–60.

唯物論而且很有影響力的政治思想家。中江兆民在西元一八七一年曾經前往法國，他並以翻譯盧梭的《社約論》(*Social Contract*) 著名，他是立憲君主制論的自由主義者，在他的晚年也是日本國家主義的支持者，對於蘇俄，他的態度強硬而堅定；關於政治，他最著名的著作是《三醉人經綸問答》，這是一部很漂亮描寫三個醉人的對話錄，三人中南海代表中江的政治觀點。較有哲學味道的則是一本小冊《一年有半》，《一年有半》外還有續編《續一年有半》，這些作品是在中江兆民得癌症後，等待死神降臨時所寫的作品；於此，他以不尋常的斯多亞主義（節欲主義）來面對現實。中江兆民的唯物論接近於十八世紀的法國唯物論，生理、心理於人是同一樣東西，精神是一種燃料的形式，並在肉體死亡後消失。《續一年有半》的第二章題為：《無神無靈論》，中江兆民強烈地表示他是贊成無神和無精神論，他對有神論的批判，相同於他對泛神論的批判（他稱泛神論為「神物同體說」），都是太過於簡略；這個解釋的簡略，甚至三枝博音也承認。實際上，他也否認日本有任何真正的哲學存在。中江兆民雖然不是一個社會主義者，可是他對幸德秋水的影響，因此也被列為日本馬克思哲學的前驅。也許他更應該歸到其他的唯物論者，或早期明治時代思想家，如加藤弘之等人一邊去，他像加藤弘之一樣，是極端的國家主義者，也是同樣支持極權主義，他並不應被看成是後期的馬克思思想的先驅⓭。

⓭　土方和雄：《中江兆民》，東京大學出版會，1958，附有書目，頁 224-29；向坂逸郎編：《近代日本の思想家》，和歌社，1954, pp. 60–77；三枝博音：《日本の唯物論者》，英應社，1959, pp. 207–33；又見：*Japanese Thought in the Meiji Era*, ed. by Kōsaka, o.c. pp. 330–44, Nobutaka, Ike, *The Beginning of Political Democracy in Japan*, Baltimore, 1950, pp. 124–29.

幸德秋水無疑的是個唯物論者，至少他很明白的在他入獄的最後時日表現得是如此。然而，他早期的社會主義，則強烈受人文主義、唯心論的觀念影響；關於此，我們可以從基督徒內村鑑三爲幸德秋水在西元一九〇一年出版的《帝國主義》一書所作的序看出；在西元一九〇三年出版的《社會主義神髓》也滲有同樣的精神，關於《社會主義神髓》這本書，幸德秋水是跟着 E·葉利（E. Ely）的《社會主義和社會改革》(*Socialism and Social Reforms*) 而發言，他倡說以國家主義和軍國主義爲方法以建立帝國主義是可惡卑鄙，並以爲造成這種情況是根據於人類的動物本能。幸德秋水是一個進化論者，他以爲生活奮鬥是屬於動物本能的領域，而到最後是要由精神力量所支配的理想社會所取代。他並不是以馬克思的方式反對資本主義，而相近於法國社會主義和拉薩勒（Lassalle）的混合體，這兩者都含有濃厚的人文主義和浪漫主義成分。幸德秋水也鼓吹武士道（這是武士忠勇的律則），用以去除日本的資本主義。

幸德秋水在西元一九〇五年十一月投入到無政府主義的思想陣營中，這時正是他前往美國，並在那裏與許多美國的無政府主義人士接觸時，他翻譯的許多克魯泡特金（Kropotkin）的作品都在舊金山出版；在他返回日本後，他便急速的投身探取直接行動的方式，幸德秋水新近獲得的看法表現在他西元一九一〇年出版的《平民主義》一書中，另外他反對基督教的激烈言論也表明在同年一九一〇年出版的《基督抹殺論》一書中，這本書是在他入獄時寫成的，與中江兆民的最後作品一樣，都可算是遺囑之作。然而，對於幸德秋水說來，中江兆民的唯物論變成一種直接反對把基督當爲歷史人物的厭惡心，從而企圖否定基督的存在，根據幸德秋水的說法，這本書不以原創性自負，而只是在它需要寫出的條件下，經由許多研究而完成的，這是一

個熱情企圖震撼許多有基督教心態的社會主義者放棄他們的基督，因爲他們認基督是他們的救贖者，可是幸德秋水在事實上否認了他們信仰的基礎之存在❹。

　　從這時起，社會主義思想變得愈來愈與馬克思哲學合流；不過，基督教社會主義的潮流則仍然在日本一直保留着。

---

❹　平野義太郎編：《幸德秋水選集》，世界評論社，三卷，1948-50；系屋壽雄：《幸德秋水傳》，山一書房，1950，這雖不是唯一的一部傳記，可是有很完善關於中江兆民、社會主義和實用主義的資料；《幸德秋水評傳》，社會改善運動研究署，1947，附有參考書目，頁 171-81。

第三章 個人主義、實用主義和新康德主義 (1901—1925)

個人主義與日本

十九世紀末、二十世紀初，國家主義和個人主義在日本高張興起，並且造成了一股實用主義的潮流；後者並橫過大正時代而直延續到西元一九二五年左右才沒落；至於新康德主義和一般哲學研究則愈來愈走向學院式，他們通過一段可稱爲普遍化的階段，終而抵進了一個精練的科學研究之點上。

日本主義或國家主義在中日 (1894-1895) 和日俄 (1904-1905) 戰爭之後變得很情緒化，雖然這並不完全是一種哲學問題；可是它卻與田中王堂、高山林次郎等哲學家有很密切的關係，因此這個問題我們要略微提一下；另外由於日本贏了這兩次戰爭，它因而也發展出了一種新的國家「良心」(a new national conscience had developed)。

依年代順序，第一個應該提到的人是高山林次郎（樗牛），他是西元一八七一年生於山形縣，而在西元一九○二年死於東京。他之所以爲人所知，主要是因爲他寫了很多評論文字和小說，而不是以一個哲學家的作品見知於人。然無論如何，他確實受過了正式的哲學訓

練，並寫了許多關於倫理學、邏輯和美學的書；他與姊崎正治（嘲風）和桑木嚴翼同樣在西元一八九六年畢業於東京帝國大學；姊崎正治後來成了一位在宗教學很有成就的學者；桑木嚴翼則成爲一位康德學者。而高山林次郎的倫理學則像大西祝，或葛林（Green）的《倫理學序論》(*Prolegomena of Ethics*) 一樣，鼓吹實現自我以成爲一個理想的人。葛林的新黑格爾主義對高山林次郎之將國家「現實化」("reification" of the state) 的想法影響很大；至於討論「日本主義」問題時，他的觀點則訴之於哈特曼（Hartmann）。高山林次郎以爲國家只是中間目標（Mittelzweck）、工具；而不是最終理想，或最後目標（Endzweck）。在另一方面，高坂正顯指出，高山林次郎對天皇對於教育所作勅令的「崇敬」，以及他強調帝國和國民要以一種家族的關係連結成一體的日本政策，使得他可以歸列到早期的國家主義意識型態論者。高山林次郎晚年則轉向個人主義，這是受尼采（Nietzsche）的影響而激引出的。高山林次郎轉變的各個階段，我們很容易可以從他的文學生涯中看出，他是一個浪漫主義者；他也做翻譯的工作，其中他曾譯了歌德（Goethe）的《少年維特之煩惱》。

尼采《悲劇的誕生》也影響了他的美學，而他的美學觀念卻又是他的個人主義之主要來源；他以爲個人主義在美學的情感上最能夠表現出來，而且他認爲這種美學的情感是形成人類性格的最大力量。至於他之與文學的自然主義連結在一起，這是由於他相信個人主義也是本能主義，因而性愛就算不是最重要的，仍也是這種本能主義的一種表現方式，他也發現日蓮宗肇建者日蓮和尚 (1222-82) 很像尼采描寫的超人（Übermensch），因而他讚頌日蓮是日本主義最好的化身，他曾輕蔑地叱責一般人說：「給我一個日蓮，我可以以一千萬人交換。」後來，他改變愛日蓮、佛陀這樣的偉人，而轉愛像拿破崙、尼采這樣

的英雄，後來他則狂熱的熱衷於權力、意志之道，更遠較於自我犧牲、奉獻之上。

高山樗牛在批評文明這方面的工作也相當著名，這種批評原初是一種在二、三十年代中發展出的哲學寫作方式[1]。

實用主義在日本

在討論田中王堂這位個人主義、國家主義擁護者及文化批評家之前，首先應該先談一下日本的實用主義，因為田中王堂的哲學靈感即是來自杜威的工具主義 (Intrumentalism)。

早在西元一八八八年，元良勇次郎就在《六合雜誌》介紹杜威和詹姆斯 (Dewey & James) 的實用主義心理學；耶魯教授 G. T. 拉德 (G. T. Ladd) 曾三次來到日本，他是散佈研究詹姆斯心理學的媒介，其他注意到詹姆斯的人是研究康德的桑木嚴翼，他曾討論《信之意志》(The Will to Believe) 一書；至於翻譯則是在西元一九〇二年開始，詹姆斯的《心理學原理》(Principles of Psychology) 是元良勇次郎和福本和夫共同譯出的；在西元一九一〇年，《實用主義》(Pragmatism) 一書也譯成了日文。西元一九〇三年，姉崎正治 (嘲風)介紹了《宗教經驗之種種》(Varieties of Religious Experiences)，這本書對基督教詩人綱島梁川影響很大；綱島梁川曾寫過一本西方倫

[1]　高山林次郎（樗牛），哲學著作有：《倫理教科書》，博文館，1897；《論理學》，博文館，1898；《近世美學》，博文館，1899；〈日本主義〉，刊於《太陽》雜誌，1897；他的全集為：《樗牛全集》，七卷，博文館，1925。討論高山樗牛有: Japanese Thought in the Meiji Era, ed. by Kōsaka, o.c. pp. 299-312, Tsuchida K., Contemporary Thought of Japan and China, o.c. pp. 59-60; 152.

理學史，這本書是由東京專門學校（早稻田大學）出版的，由於田中
王堂、帆足理一郎和杉森孝次的活動，早稻田大學變成了實用主義的
中心。

　　除了桑木嚴翼首先任教於京都大學，然後再轉到東京大學外，中
島力造也是東京大學的人，中島力造他介紹了杜威的《批評倫理學理
論大綱》(*Outlines of Critical Theory of Ethics*) 到日本，西元一九
〇〇年這本書也節譯成日文。西田幾多郎的「純粹經驗」受到詹姆斯
的影響，與受到柏格森的影響是一樣多（柏格森的思想則流行於本世
紀起初的十年），實用主義思想對非實用主義哲學家的影響，我們可
以很明顯的從底下一些書中看出：西田幾多郎的《現代における理想
主義》（現代思想中的理想主義），西元一九一七年出版；田邊元的
《認識論における論理主義の限界》（《理性主義在認識論中的界
限》），西元一九一四年出版；出隆的《哲學以前》，西元一九二一
年出版；很明顯的，實用主義在明治時代後期和大正時代以至於本世
紀二十年代初期的哲學界中，一直是廣泛被討論的題材。

　　早稻田大學看來像是已成為實用主義的主要中心了。這是由於文
學運動而造成，而更大的理由則是因為自由主義政治思想是形成在這
個私人機構。《早稻田文學》這份早稻田大學的文學刊物，與代表東
京帝國大學文學潮流的《帝國文學》打對臺。於此，早稻田所談的是
自然主義，此一思潮在明治時代晚期和大正時代初期是一個相當普遍
流行的文學運動。根據長谷川如是閑（萬次郎）的看法（長谷川如是
閑他也是一個著名的社會批評家和社會思想家，也寫過書討論「自然
主義哲學」的問題），實用主義，不管是對或錯，經常與自然主義連
在一起；但是，田中王堂，就像其他早稻田成員一樣，並不熱衷於自
然主義，因為他對藝術品所持唯心的看法並不允許他變成一個自然主

義者。

　　早稻田大學與實用主義連結在一起更進一步的理由是因爲這個機構乃是「大正民主」的中心；這個民主運動在昭和時代（1926）以前曾盛極一時；在昭和時代，軍國主義爬到了最高峯。不過，相反於此有一個例外必須提及，因爲在政治這方面，東京帝國大學政治學教授吉野作造（1878-1933）特別將民主提了出來，他認爲觀念若沒有穩定的機構性質，民主是很難在日本生根的。然而整個看來，有一些光榮還是應該歸給早稻田大學，因爲她以一個私立學校的身分，因而較少受到戰前普遍存在的日本政府勢力所影響。然無論如何，這是屬於較近的日本思想史；我們不應忘記，在西元一九〇六年，文部省刊印了杜威的《學校與社會》（*School and Society*）；並且在日俄戰爭前後，最具代表性的哲學刊物《哲學雜誌》更是代表實用主義說話；日本主義的代表人物如紀美正平也寫文章討論席勒（T. C. S. Schiller），指出他與儒家思想的差異（differences and variations）。後來，杜威教育理論的影響愈來愈明白；杜威的《民主與教育》（*Democracy and Education*）是所有民主教育家的基本經典；大正時代，「自由學園」和「成城小學校」的建立，更爲新教育法的嘗試作了見證。

　　描述完了日本實用主義後，讀者可能好奇的想知道爲什麼它並不變成決定性的潮流，對於這個事實，研究日本思想史的人都極爲注意；至於解釋這個情況，相信民族精神的人以爲實用主義不適合日本人的心態；他們以爲一個神話般的民族精神並不眞正是「人造」的文化實體（cultural reality），而是一個種族的或本能的產品。呂特（Lüth）就是一個相信如此的人，他以爲日本的「精神」（"der Geist" of Japan）並不適於經驗主義、功利主義或實用主義的本質，因爲這些潮流的取向太過於現實，所以沒有足夠的深度；高坂正顯的答案

更科學，而他的說法則是基於「民族性格」。高坂正顯說：日本人甚至能夠被看成是「極端的功利和現實」，因爲他們有一種性格，這種性格能達到極端的情緒和極端的冷漠。他以爲：日本是一個能夠被激動也很輕易可以恢復平靜的國家；因此，一般像經驗主義或實用主義的哲學是無法長久持續的；不過若再加上少些社會——政治的理由，也就是說再加上如封建時代對努力尋求快速進步之潮流辯證似的結果所採取的壓抑，或隨着而來對盲目保守主義的反動，則這個解釋將可能更「科學」；然而這樣的解決方式在事實解釋得很少，它看起來只是事後的重建，並且也太常基於「因此」（post hoc）及「依此」（propter hoc）的錯誤。然無論如何，經驗主義、功利主義，乃至於實用主義，在日本哲學史上許多不同時候頗能抓住日本知識份子的心；無疑問地，在未來，唯物主義和馬克思主義的興起將要把日本人領到一些其他腳踏實地（down to earth）的「主義」（"ism"）。因此我要在本書的結論中討論這個問題，對於這個問題我就是討論得不完全，至少也要展示出一個較廣的取向，而不取經常所採取那樣將之簡化成東方神秘主義和西方實用主義❷。

田中王堂的工具主義

在西元一八九〇年，完成了東京專門學校的課業後，田中王堂（喜一，1867-1932）就前往到美國留學，於此他是追隨着一些將實

---

❷ 關於日本實用主義，大井正：《日本近代思想の論理》，同合出版社，1958, pp. 86–147；《講座現代の哲學》，V，山崎正一等編：《日本の現代思想》，有斐閣，1958, pp. 93–97；Lüth P., *Die japanische...*, o.c. pp. 68–69.

用主義介紹入日本的人如中島力造等的腳步。田中王堂在外國滯留九年，並畢業於芝加哥大學。在那裏研究的期間，他感受到了杜威思想的衝擊。回到日本後，他任教於他的母校早稻田大學，並且也在其他學校兼課，如立教大學。除了教書的工作外，他的時間大部分花在替雜誌寫文章上，這些替雜誌所寫的文章，於是一本本變成了他的著作，這些書大部分是文集，直到他的一生生涯結束前，他才專心寫作一本較有系統的作品《哲學概論》。他是在他六十六歲那年死的，他的死亡阻礙了這本書的完成。他寫作的文體很類似卡萊爾 (Carlyle)、愛默生 (Emerson) 和華特‧培德 (Walter Pater)，因此土田杏村評論說田中王堂的書值得譯成外國文字，因為他很容易讓人了解。

田中王堂最早出版的書是西元一九一一年的《書齋より街頭へ》（《從書齋到街頭》）與《哲人主義》。他之傾向於實用主義是很清楚的事實，這一點不但從他的書名可以看出，而事實上他也努力結合理論和實踐，以將哲學和社會、政治的目的結合在一起。而成為一個「有學者風度的愛國者」則是他主要的意願。我們看看他所涉及的許多興趣，我們可以看出田中王堂的實用主義可以分為好幾個階段，關於此我們只要略微看一下在本節注中所提及他各個不同的書名就可以明白了。他的《哲人主義》後來變成了「非哲學」，並且他得自詹姆斯極端經驗主義的「極端個人主義」變成了「作為解釋的哲學」(philosophy as interpretation)；他的民主思想是建立在浪漫的功利主義或唯心論的實驗主義；他的民主思想也充滿着國家主義，並且崇拜「哲人王」和「代表人物」。

雖然田中王堂較高山樗牛溫和多了，可是英雄崇拜仍然出現在他的思想中，田中王堂由他的「哲人王」發展到了「徹底個人主義」，「徹底個人主義」是他在西元一九一八年發表的一篇文章篇名，然無

論如何， 即使日本首倡民主運動的吉野作造， 也免不了過分強調天才，我們這本書探討的本質將不討論田中王堂對歷史和文明的態度，而我們知道在這兩方面田中王堂是跟着布克（E. Burke）和另一個英國維多利亞女王時代的人巴格厚（W. Bagehot）。

田中王堂將他的工具主義稱做「 實驗理想主義」， 他用英文的 "natural" 或相對於任何形而上或神秘生活觀念的自然主義觀念來界定他的立場；依先後順序來說，生活首先是要以實驗的精神來活着，亦卽是， 它必須基於日常的社會生活。 其次， 它是一個「 進步」 （developmental） 的觀念，因為，生命與動物的傾向相反，動物的傾向是被決定的和一成不變的事實；然而人類的傾向則是不被限定的，並且傾向於理想。第三、生活的經驗是「有機的」；在這裏，「有機的」意思是指： 不管是紛爭或苦難，人總是向一個較高、較好自我統一的境界趨進。最後，它是「功能的」，就像所有的理想必須含有對社會的效益，它要能夠去調整社會。從這些和其他的說法中，田中王堂的工具主義很明顯的是取自杜威的看法，至於他獨創性的看法則存在於他的其他觀點，以及他的文化哲學。

土田杏村稱讚田中王堂在他的著作《象徵主義の文化》（《象徵主義的文化》）所表現對文化的看法。這本書說明文化是傾向於以潛藏的方式「象徵出」所有未來的實際呈現。因此，在能夠開始重建工作之前，重新解釋是需要認識和分辨清楚的最高符號，因此田中王堂變成了一個澈底的現實主義者，然而他對理想和現實在實踐上的一致性之評估，並不提供多少刺激以超越現時的情況。

帆足理一郎這個人我應該略為提一下，帆足理一郎他跟田中王堂一樣任教於早稻田大學，我們之所以提他，並不是因為他是一個重要的哲學家，而是因為他寫了一本《哲學概論》，這本書是出版於西元

一九二一年，在很短的幾年內，這本書曾經印行十八版，在序言處，他粗率的指出帝國大學的哲學只是在替普魯士獨裁服務而已。根據土田杏村的看法，另一個可以與田中王堂相提並論的早稻田哲學教授是杉森孝次郎（1811-），杉森孝次郎將哲學降爲社會哲學，關於這點可以參見他的著作《社會學》；他過激的實用主義並不妨礙他當選爲日本政治評論人協會的主席和成爲東亞文化會的會員，這兩個機構，都是在第二次世界大戰時成立的，也是對獨立思考控制最嚴厲之時。因此從這裏可以看出他是傾向於實用主義的國家主義；無論如何，今天他被人記得的是一個記者，而不是別的工作者❸。

阿部次郎（1883-1959）的倫理個人主義

在討論更學院的哲學家，也就是那些支持系統的德國哲學的人之前，阿部次郎這位在大正和昭和早期時代很有影響力的哲學家，我們必須討論一下。他在西元一九一四年出版的《三太郎の日記》（《三太郎的日記》），是戰前青年間最暢銷的書。而這本書至今也還一直爲人閱讀，現在，他的全集也在逐本出版中。在某一意義下，阿部次

---

❸　田中王堂的哲學著作有：《書齋より街頭へ》，弘文堂，1911；《哲人主義》，二卷，弘文堂，1912；《我か非哲學》，啟文堂，1913；《創造と享樂》，天佑社，1921；《象徵主義の文化へ》，博文館，1924；《解釋の哲學》，集芳閣，1925；*Carlyle, Emerson*，東方文化出版部，1926；討論田中王堂的實用主義，見：大井正：《日本近代思想の論理》，o.c. pp. 111-27；《現代の哲學講座》，C卷，頁 97-116；宮西一積：《近代思想の日本的展開》，上引，頁 269-70。*Japanese Thought in the Meiji Era*, ed. by Kōsaka, o.c., pp. 477-84; Tsuchida Kyōson, *Contemporary Thought of Japan and China*, o.c. pp. 61-68; 153-59; 159-163.

郎能被看成是屬於較後一時期的人，雖然他大部分的重要哲學著作是在我們現在研究的這一階段裏完成的；他也跟西元一九一二年到一九二三年流行的個人主義和人格主義潮流有關。

阿部次郎是在西元一八八三年生於山形縣，並在西元一九〇七年畢業於東京帝國大學。克伯和波多野精一是阿部次郎的老師中，對年輕的他影響最大的兩個人；阿部次郎性格傾向於宗教，在家裏他深受儒學嚴格的訓練，他並且也受到其信仰天主教的祖母的影響。他的文學天份在他很年輕時就表現了出來；學生時代，他贏得許多獎，在畢業後，他負責極具影響力的《東京朝日新聞》文藝版編輯工作；他的前輩作家不是別人，就是夏目漱石，夏目漱石在他的哲學文章中主張的是批判的個人主義。

阿部次郎對哲學的興趣，我們可以從他西元一九一六年出版，編譯自李普斯（T. Lipps）所著 *Die ethischen Grundfragen* 的《倫理學の根本問題》中看出，也能從他與人合譯柏拉圖作品以及寫作《人格主義》中看出，上述兩本書分別出版於西元一九二〇年和一九二二年。他大部分的作品都是關於藝術哲學，《美學》出版於西元一九一七年；他最後出版的是《德川時代の藝術と社會》（《德川時代的藝術與社會》），這本書從西元一九二一年開始寫作，當時他正是仙臺的東北大學教授。西元一九二二年他到歐洲，並在慕尼黑大學研究哲學。他對但丁（Dante）和歌德（Goethe）的作品很感到興趣，西元一九一九年，阿部次郎出版過一本批評研究尼采「查拉圖斯特拉」（Zarathustra）的書。

他的《三太郎の日記》很明顯含有宗教的人格主義，這本書是一本收集日記形式寫成的哲學反省錄，阿部次郎稱這本日記作者爲「三太郎」，三太郎是一個普通人，他代表着阿部次郎的觀點。這本書並

不是一本自傳，而是一部哲學日記，它就像今日存在主義哲學家所寫作的一樣。它抗拒任何條理井然的摘略，因爲在反省中並沒有什麼秩序，而是含括有許多主題；唯一有統一傾向的是阿部次郎透過絕對自由和救贖，而對絕對者的人格之要求（此絕對者是他所熱切希望達到的實在，但也是他力所不及者）。

《三太郎の日記》中半宗教的禁欲主義和道德主義，在他的「人格主義」中變成了社會的人格主義。在這本書中，阿部次郎很受李普斯的影響。這本書以人類實踐的生活需要一個理想的標準開始討論，亦卽以一個道德觀念，卽借自歌德和謝勒（M. Scheler）的「美麗的靈魂」（die schöne Seele）開始討論，阿部次郎將美和道德劃同；然而對於人格，他則以爲並不是對人的個性做心理學的描述而已，而是所有人類經驗根柢處獨特且個別的智識自我。他覺得人格主義發展自我到了最高的程度，而從「奴隸天性」（Sklavennatur）變成爲「主人天性」（Herrennatur），亦卽人成了自然和其自己的主人。雖然這些觀念是阿部次郎借自李普斯，可是他所強調的自由和愛（但丁的 amor della sfera suprema）則是他自己的。他對於愛的看法採取一種神秘主義的態度。這本書的第二部分則以爲社會是一個有機的東西，另外他甚至認爲像勞工關係這樣的社會問題，對一些相當具有實踐心態的社會思想家（當時這些人正在爲社會公道奮鬥），也表現得是抽象、幻想。

他另外一本重要著作《世界文化と日本文化》（《世界文化與日本文化》，1933）中，他的人格主義，在狄爾泰（Dilthey）的衝擊下，變成一種比他早期作品有更爲世故的知識論基礎的世界觀，這本書也是一些長文的文集，這些文章完成的時間不一，其中最有價值的研究是一些討論尼采、歌德和比較文學的文章，而這個研究主要是立

基在狄爾泰的 *Der Aufbau der geschichtlichen Welt in den Geistes-wissenschaften*（《在人文科學中歷史世界的建構》）。

在解釋狄爾泰艱難的名詞 Verstehen und Auslegen（「理解と解釋」），他並完成一本哲學著作，由岩波書店出版。於此，阿部次郎證實了他從事嚴格批判研究的能力，阿部次郎普為人知的聲譽是由於他簡明的倫理學著作而來，在書中，他悲觀而有說服力的文體，深深吸引着他的年輕讀者❹。

康德和新康德學派哲學的研究

德國哲學在日本由於加藤弘之、井上哲次郎，和被稱爲「日本之康德」的大西祝，乃至於我們在前章所提的外籍教授之努力才能夠開始、生根。在日本，一直到上世紀末所流行的是盎格魯─德國唯心論和葛林（Green）所提倡的新黑格爾主義。另外，在日本，日本主義、哲人主義和人格主義倘若不拿來當國家政策的根據，則便是在找尋人生哲學。因此，更專技的哲學是必需的，而這個需要則在本世紀

---

❹ 阿部次郎的哲學著作有：《三太郎の日記》，1914；這本書最近最完全的版本是角川文庫版，1960，（三二版）；《倫理學の根本問題》，岩波書店，1916；《人格主義》，岩波書店，1922；頁 45, 56-7, 107, 134-37；《ニイチェのツァラツゥストラ、解釋なりびに批評》，新潮社，1919；《世界文化と日本文化》，岩波書店，1933，頁 216 ff，在這一卷中亦包括有：〈理解と解釋〉，頁 443-516，這篇文章曾刊於《岩波哲學の叢書》；《美學》，岩波書店，1917；《德川時代の藝術と社會》，改造社，1931；阿部次郎完整作品有：《阿部次郎全集》，準備出版十七卷，角川書店。評論阿部次郎見：竹內良知編：《昭和思想史》，ミネルバ書院，1958, pp. 238-67, Tsuchida K., *Contemporary Thought of Japan and China*, o.c. pp. 163-64.

的二十年代中，由新康德學派的西南學派和馬堡學派以洶洶來勢完全
填滿了，支持這一新康德哲學的學校不但有東京和京都的帝國大學，
甚至像早稻田等一些私立機構也同樣支持。在這階段唸哲學的學生出
國到德國的比去美國的多得很多；因此，在他們返國之後，他們就介
紹他們的德國教授的思想。

　　在檢討少數幾位追隨德國新康德哲學的重要人物之前，像倭伊鏗
（Eucken）和柏格森（Bergson）這樣的作家，由於他們的思想曾廣
泛流行之故，所以我們也要略提一下。倭伊鏗提出的是一種「理想的
精神王國」，以金子馬治（筑水）的說法，這是一種「在自然主義泛
濫之後」的天賜之物；至於金子馬治翻譯柏格森的書之所以能夠受人
廣泛的閱讀，這是因為柏格森提出了直覺和精神的哲學，而且這種哲
學當為實證主義和實用主義潮流的解毒劑又很是有效。柏格森提供了
一條路徑（這方面很多人認為很像東方）給那些尋找一種人生觀的
人。柏格森的影響我們可以在西田幾多郎的第一本書《善の研究》
（《善的研究》）中看出。這個新唯心論運動，在德國是以倭伊鏗為
其最佳代表，在法國則由柏格森的反實證主義和生機的直覺主義來扮
演。這個新唯心論運動在日本也有它的副本，井上哲次郎的《哲學と
宗教》（《哲學與宗教》）即是受這潮流影響的證據。而本章所討論
的其他作者作品也是一樣。

　　日本之認識叔本華是由於井上哲次郎和克伯（Koeber）的介紹，
姊崎正治是叔本華學社的領導人物，這個學社成立於西元一九一一
年，並在這段期間，叔本華的不朽名作 *Die Welt als Wille und
Vorstellung*（《作為意志與表象的世界》）也譯成了日文。至於尼采
對高山樗牛和阿部次郎的影響，我們在前面已經提過了；然若更有可
說者，則便已闖進了思想史和一般文化的研究領域了。

在日本，新康德主義的馬堡學派之爲人所認識，是由於人們研讀拿托普（P. Natorp）的著作； 而西南學派（巴登 Baden）一支，則大部分是由於許多受黎卡特影響的日本學生的介紹。 在黎卡特的 *Gegenstand der Erkenntnis*（《認識之對象》）一書譯成日文時， 他說他的著作在日本比在德國更有人閱讀；這本書的譯本有日本最偉大的哲學家西田幾多郎作序，他說，當他西元一九一〇年到京都去時，京都大學正是新康德主義的中心，西田幾多郎的《叡智的世界》正是由黎卡特的 *Die Erkenntnis der intelligibelen Welt*（《叡智世界的認識》）衍生而來的。

左右田喜一郎（1881-1927）是黎卡特最優秀的學生之一，他用日文和德文寫作關於經濟哲學的東西，並因此成爲以系統方法處理的第一個人。他也是一位文化批評家，並且就像土田杏村不吝惜筆墨所形容的那樣批評家。後來，他的經濟研究，愈來愈有成就，最後他繼承他父親的銀行（左右田銀行）總裁之職位，他商業上的成就，並不因此而使他的名字在哲學界消失，反而在每一本討論日本思想史的書中都提到了他。

其他新康德主義者廣爲人閱讀的著作是文德爾班（W. Windel-band）的 *Präluden*（《前奏》）和拉斯克（E. Lask）的 *Feldtheorie*（《場論》）。《場論》這本書直接影響到西田幾多郎相類似的觀點。另一位具有代表性的日本哲學家田邊元，他也不諱言新康德哲學對他的科學哲學和數學哲學的影響；另外，安倍能成，由於年代秩序的關係，我們留待以後再談他，不過，他也是一位受新康德哲學影響的康德研究者；另外強烈受到此一潮流影響的哲學家是桑木嚴翼。

根據金子馬治的說法， 文德爾班的《哲學概論》（*Einleitung in die Philosophie*）是當時主要的指定參考書， 並且桑木嚴翼、西田幾

多郎、和辻哲郎等人都是依靠這本書向前後幾乎有三代的日本學生解說哲學基本問題。

新康德哲學在大正時代所佔的優勢，我們可以從那階段出版的哲學作品中看出， 西元一九一五年中， 著名的出版商岩波書店印行了《哲學叢書》，這套叢書有十二本，其中除一、二本外，都是代表着上述的潮流。一般說來，德國哲學的流行，很明顯的是由於後來同一出版商出版的叢書而維續下去，這些叢書例如《哲學論叢》和《岩波講座哲學概說》，它們各自是從西元一九二八——一九三二年和西元一九三一年開始出版。同樣的，具有代表性的哲學刊物《哲學雜誌》和西元一九一〇年開始創刊的京都大學《哲學研究》也是一樣，在西元一九二一年，岩波書店則刊行了《思想》雜誌。

從西元一九二〇年開始， 胡塞爾 (Husserl) 的現象學、海德格 (Heidegger) 的存在主義， 及黑格爾的辯證法變得愈來愈流行。 然而，在昭和時期 (西元一九二六年開始)，黑格爾成了當時的中心話題，特別是在爲與馬克思辯證法對辯這點上；然而爲什麼造成新康德哲學成爲大正時代的代表思想，實際上是因爲： 直到當時，盎格魯一美國的思想，從彌爾到杜威，都是太過於注重政治—社會的問題；然而對於學究式的哲學家來說，認識論和形上學則變得很重要，早期的明治思想家，他們覺到有政治問題的壓迫，以爲每個哲學家應該像彌爾一樣寫有關於政治、政策或人權的東西。然雖前驅者如西周、大西祝的著作中，輕忽了「純粹哲學」和形上學問題，並且也沒有眞正的認識論；可是這一種學說也能發展到像這樣相當的程度，這是因爲高山樗牛、安倍能成、田中王堂及其他所謂在野之士，他們依着他們許多的興趣，以及爲大眾興趣的雜誌所寫的文章，都從一個較廣的觀點繼續研究文化和生活的問題；而所要求更思辨的基礎，則在較後一些

日子，由新康德哲學和康德研究填充滿❺。

由上我們不可以就此說在日本只有德國哲學才以學術眼光研究，一般來講，大正時代是以學術態度研究的發軔期。桑木嚴翼最主要雖然是一個康德學者，可是他也介紹笛卡兒的思想；另一個康德學者朝永三十郎，他則以討論笛卡兒思想的書著名；波多野精一這位代表性的宗教哲學家，他是一個很優秀的哲學史家，並且也寫過討論斯賓諾莎很重要的書。在這段時期中，雖然柏拉圖及其他人的全集要慢些時候才出現，可是古代經典之作與現代哲學名著都同時開始翻譯成日文。

在明治時代末期和大正時代，學院式的哲學活動是集中於編輯哲學字典，哲學字典這種工具，需要將西方觀念正確的譯爲日本漢字；然而這些字典並不都是很完善的，有一些有顯著的錯誤，例如以前我們提到過，在西元一九一二年出版，由井上哲次郎、元良勇次郎和中島力造合編的那本就是；另外一本是由三宅雄二郎（雪嶺）和德谷豐之助合編的，叫《普通術語辭彙》；同一年，西元一九〇五年，朝永三十郎的《哲學辭典》也出版了，這一部辭典相當正確，並且印行了許多版。

至於西元一九〇九──一九一二年出版的《哲學大辭典》的確是

---

❺ 關於康德研究和新康德哲學，見：伊藤吉之助編：《カントとその周邊の哲學》（《康德與環於康德之哲學》），第三卷爲桑木嚴翼著作集，春秋社，1949；三枝博音：《日本における哲學的觀念論の發達史》（《日本觀念論哲學發達史》），文省堂，1934, pp. 115-81；遠山茂樹等編：《近代日本思想史》，卷二，頁 437-44；宮西一積：《近代思想の日本展開》，頁 207-210；三木清文章：Rickerts Bedeutung für die japanische Philosophie，收於其《著作集》，卷十一，岩波書店，1946-1951，頁 1-9。

一部巨構，它有一個德文的副題：Enzyklopädisches Wörterbuch der Philosophie，事實上它是一部有七冊的哲學百科全書，當時代表性的哲學家都列名為編輯或負責特別的部分，例如：負責邏輯部門的是桑木嚴翼和紀美正平，元良勇次郎和松本亦太郎負責心理學，得能文和中島力造則負責倫理學部門；另方面，這部辭典也可以當為哲學的「名人錄」(Who's Who)用，在其中，一般人所熟悉的如朝永三十郎、波多野精一、姉崎正治、阿部次郎的名字也都列了進去。

　　西元一九二二年出版了另一部更好的哲學辭典，它是由宮本和吉等人編成，而由岩波書店出版的。最標準的哲學辭典是一本較小，由伊藤吉之助在西元一九三〇年刊行的《哲學小辭典》，它一再而再的翻印出版，而且每次再版都有一些輕微的修正。

代表性的教授：桑木嚴翼和朝永三十郎

　　雖然金子馬治並不是東京或京都帝國大學的教授，但他仍是日本最早期講授哲學的先驅者之一。金子馬治（筑水，1870–1930）自東京專門學校（早稻田）畢業後，在西元一八九四年他成了這個學校的講師。後來又出國到德國，在萊比錫、柏林和海德堡大學研究，並且獲得了哲學的博士學位，以前他之為人注意是因為翻譯柏格森的《創化論》，但是他許多討論現代哲學和有關哲學介紹的書，則很明顯受到了新康德哲學的影響，他特別強調哲學是文化的本質這一點，他沒有明確的系統，也沒有獨創之見，他的著作也受有實用主義的影響，另外他也介紹了胡塞爾（E. Husserl）進入日本❻。

───────────

❻ 金子馬治的主要著作有《歐洲思想大觀》，東京堂，1920；《現代哲學概論》，東京堂，1922；《哲學概論》，早稻田出版部，1927；他的選

　　北玲吉（1885-）也是畢業自早稻田的學生，並且也受到了文德爾班和黎卡特的影響，他是一個對政治生涯有野心的人；他參加了日本民主黨，並且先後八次當選爲國會議員。然而，在事實，關於日本康德研究的中心，我們必須考察東京和京都大學。

　　在我們談桑木嚴翼之前，中島力造（1858-1910）雖不是德國哲學的代表，但仍值得我們提一下。他自同志社大學畢業後，前往到耶魯大學做進一步研究。另外他也到過英國和德國。西元一八九〇年他返回日本後，受任爲東京帝國大學教授；他是老一輩主張葛林新黑格爾主義者，這些新黑格爾主義者辯護唯心論的倫理學，反對那些逡巡在實證主義和功利主義者。他與井上哲次郎、元良勇次郎合作出版《哲學字彙》，而他之所以翻譯杜威西元一九〇〇年所完成討論倫理學理論的書，或許可以以他曾在美國受教育來解釋吧！

　　日本主要的康德學家是桑木嚴翼（1874-1946），然雖是如此，根據他的學生出隆的說法，桑木嚴翼並不喜歡被看成與新康德學派一樣，他反而願意接近一位有實在論的存有學傾向（realistic ontological orientation）的康德派學者李爾（Aloisius Riehl）所採取的立場。桑木嚴翼基本上是一位冷靜沉着而富批評心態的研究者。他受教育時，實證主義和史賓塞主義在日本影響力仍然很大；他也不想與唯心論的形式接線，因爲唯心論只是由一些缺乏學術目的的國家主義者所利用而已。出隆的說法中告訴我們，桑木嚴翼強調他作品中笛卡兒氏的方法懷疑。事實上，他在這方面所做到也使得他的青年學生如出隆

　　(續)集有：《金子馬治博士選集》，二卷，理想社，1939-1940；　討論金子馬治的文章可見：Tsuchida K., *Contemporary Thought of Japan and China*, pp. 165-166；　其中北玲吉可見同書，頁 164-165；中島力造可見同書，頁 62。

等自覺無法以他的批判方法來達到任何眞理。

　　桑木嚴翼出生於東京，西元一八九六年畢業於東京大學，他在任教東京第一高等學校的同時，並繼續他更高一階段的研究工作，後來他被聘往京都大學。在西元一九〇七年到一九〇九年間，他前往歐洲和美國做進一步的研究，西元一九一四年，他回到他的母校，接替井上哲次郎的職位，因爲井上哲次郎已屆退休之年了。他任東京大學教授一直到西元一九三五年，後來他又離開了東京大學，離開東京大學後，他仍以許多不同的資格繼續他的學術活動，他也曾在早稻田任教過。

　　對於桑木嚴翼的著作，我們無庸一本本的介紹，因爲這些書內容涵蓋很廣，而桑木嚴翼也不假裝做很具原創性的模樣。至於他的哲學特徵，我們可以輕易的節要如下：主要除了研究康德哲學外，他也嘗試在所有哲學領域和社會問題中求得問題的明確意義，以便詳細舉出眞正的問題。他是分析哲學的先驅先覺，他早年在西元一九一二年出版的《哲學綱要》和在晚期於西元一九三六年出版的《哲學および哲學史研究》（《哲學和哲學史研究》）中，很清楚的，他是想藉研究意義和內涵以澄清哲學問題，而這種精神確實也值得我們欽佩。在他第一本著作中，他很典型地分析「典範和規範科學」，與當時在日本所討論的社會、文化問題的關係。第二本書，他討論「語言と哲學」，而這一問題在西方哲學家眼光中看來，在悠久歷史和表達思想觀念的意義常變不居下，他們也有語意學上的困難，亦卽：在不同時代中有完全不同的意義。

　　桑木嚴翼在西元一九一三年出版的《現代思潮十講》，批評了實用主義及培利（Perry）和羅素的新實在論。然而，他主要的著作，通常文體都是很清晰而引人入勝，所研究的內容則是康德的哲學，例

如西元一九一七年出版的《かントと現代哲學》（《康德與現代哲學》）和《康德之考察》，後一本書提出了許多問題，也不完全是關於康德而已，康德的方法在當時之所以爲學術圈內外討論的原因，是因爲它關係着日本的許多問題；在這些書之外，桑木嚴翼的「主觀主義」（subjectivism）也在發展着，而這正是康德批判論的延續，或更好說是李爾對康德解釋的延續❼。

京都大學另一位著名的教授是朝永三十郎（1871-1951）。像桑木嚴翼一樣，朝永三十郎也是畢業於東京大學，但他並沒有返回東京大學教書，而一直很樂意地留在京都大學到結束。他的成名，主要是由於他在西元一九一六年出版的《近世における我の自覺史》（《近代「我」之自覺史》），這本書就像副標題所指出的，是從早於新康德主義二十年所流行的葛林和布烈得來的新黑格爾主義式的自我意識方面來考察人的變遷（the passage of man）。由於朝永三十郎在他所編哲學辭典的專論中講論純粹哲學，因此被人與桑木嚴翼相提並論，他的學術精神，很明顯的表現在他的每一部著作中；特別是在他討論哲學史和討論笛卡兒很學術性的的書中更可看出來；因爲他有許多文章討論康德哲學，因此他也被視爲是日本早期康德學者之一，其他康德學者還有如：桑木嚴翼、安倍能成、天野貞祐（由於年代次序，天野

---

❼　桑木嚴翼的《哲學綱要》是採取《日本哲學思想全書》所收者，見前引，卷一，頁 201-48；〈言語と哲學〉則收在《哲學および哲學史研究》，岩波書店，1936，頁 26-54，他其他由岩波書店出版的書如《かントと現代哲學》、《かント》、《科學中之哲學方法》都有《西洋近世哲學史ローマ字書き》（這種ローマ字即是拉丁字母，用以音譯日本漢字。關於評論桑木嚴翼的文字有：船山信一：《日本の觀念論者》，英應社，1956，頁 198-204；出隆：見《理想》，一九六一年第二號，頁 15-20；Tsuchida K., *Contemporary Thought of Japan and China*; o.c. pp. 73-74.

貞祐留待以後再談）。 然而， 批判主義比之於眞正的康德主義，更穩
固的在這個階段植根了。在大正時代，學院式、學者式的哲學興起，
繼之以豐富而有水準的樣貌，震嚇了日本研究西方哲學的學生。在結
束本章之前，兩個京都大學的教授——美學家深田康算和倫理學家藤
田健治郎，我們應該提一下，兩者都是受了康德主義的影響，後者特
別以《主觀道德要旨》（1910）和最後的作品， 即西元一九三二年出
版的《倫理と教育》（《倫理與教育》）與《國民道德論》而著名，
其中《國民道德論》是反對井上哲次郎國家主義的研究結論❽ 。

---

❽　朝永三十郎，主要作品有：《近世における我の自覺史——ドイツ思想
と背景》，1916；除許多討論康德文章外，有《カントの永遠平和論》，
改造社，1922；《哲學史小品》，黎明書房，1948。

第四章　西田幾多郎的哲學
(1870—1945)

西田幾多郎思想的意義

　　爲研究日本具有領導性哲學家思想，我們這一依年代次序進行的
討論必須要做個間斷。在這裏我選了四個人，並且將滿滿的材料塡充
在兩章的篇幅中。第一個位子給西田幾多郎，並且獨佔一章的篇幅，
我想應該是沒有人會反對，因爲他是日本近代惟一一個，環着他而建
立起一個學派的哲學家，這個學派就是「京都學派」。尤其，他就像
我們底下討論中會看到的，是以發展典型東方的「無的論理」而著
名，並因此是一位橫跨東西兩方的哲學家。較有爭論的是下一章；在
下一章中，把田邊元列爲次於西田幾多郎是沒有問題的。至於把和辻
哲郎置於第三，是因爲他有自己的體系。把波多野精一列入，則是因
爲他在宗教哲學中有獨創的見解。這三人中，由於波多野精一比和辻
哲郎和田邊元年長，因此就依年代次序將他置在其他兩人之前。

　　另外，我這樣的選擇，也可以由一個在我動筆寫這些篇章時仍然
不知道的事實得到支持，卽：不但西田幾多郎的著作，波多野精一、
和辻哲郎和田邊元的著作，也都由日本 UNESCO 協會譯成英文，以

便讓西方讀者認識具有代表性的日本哲學家。

西田幾多郎一生中沒有什麼顯目的插曲或特別值得注意的事件。西元一八七〇年，他出生於金澤附近的一個地方，而在西元一九四五年六月七日死於靠近東京的鎌倉；他的年輕時代則因在西元一八九一年以一名特別學生進入東京大學而變得顯眼起來，當時布色（Busse）、井上哲次郎、及後來克伯均任教於此，可是在當時，他並沒有特別引起他的教授欣賞，畢業後也不在較有名的中學任教；他似乎認命在一個窮僻的地方當整輩子的中學教師。在這段期間，他顯出對禪佛教有興趣。

從他在西元一九〇六年準備其第一本著作《善の研究》（西元一九一一年一月出版）的事實看來，很清楚的，他仍懷持着學術的興趣。西元一九〇九年他在東京學習院教授德文和哲學，在幾年後，受邀前往京都大學，這是因爲桑木嚴翼離職到東京而留下的一個空缺；這位謙虛而溫厚的西田幾多郎，開始並沒有顯示在京都大學，將由於他而成爲一個新哲學學派的中心，創造出一個勝於它的對手——東京大學的傳統。

造就西田幾多郎聲譽，他的著作比他的講課更有貢獻，其中《善の研究》一書應該特別提一下，因爲它曾經並一直是有最廣大讀者的日本人著作。務台理作回憶說他放棄教職，以便進入京都大學，在這位於西元一九一五年以著作聞名的西田幾多郎門下研究。根據務台理作的記載，西田幾多郎當時是講授哲學概論這門課，他根據的課本是文德爾班的《哲學大綱》；他另外在一些特別的講課中，解說波札諾（Bolzano）、布蘭達諾（Brentano）、邁農（Meinong）及胡塞爾（Husserl）等人的思想。追隨西田幾多郎十一年的務台理作聲稱：他不曾聽過這位大師出口談到半字有關政治的問題；雖然當時的世界局

勢（日本的社會變遷更不用說了）能夠給予非正式批評更多的託辭。至於爲何我要詳細指出這些，是因爲在戰前許多批評西田幾多郎的人，曾嘗試將他算爲支持國家主義者而加以排斥；根據務台理作的說法，在京都大學唯一表示對政治有興趣的是朝永三十郎，西田幾多郎和其他哲學教授只關心學院的工作。

西元一九二八年西田幾多郎從大學退休下來，然而他仍繼續寫了許多書和作了多次講演；另外他的學生也一直從他那裏獲得到許多益處，當時這些學生已都成了日本最好學校具有領導地位的哲學教授；可是東京大學例外的從不表示傾心京都學派性格的哲學典型。西田幾多郎的私生活，由於首任太太在西元一九二五年去逝（他於西元一九三一年再婚），及他的長子和四個女兒的夭折，變得黯淡無光。雖然他的聲譽與日俱隆，並且各種榮耀也都歸予他；可是家庭悲劇、軍國主義高漲、最後是戰爭，對這位殘年學者是一個很大的折磨。他在日本投降前兩個月去逝❶。

西田哲學的意義，在事實上，乃是因爲他是第一個丟棄只推廣西洋哲學的書，而企圖建立自己體系的日本人。這個系統雖然含有西方哲學的方法，可是它的論題和基本方向卻始終是東方的。當左右田喜一郎在西元一九二五年首次叫出「西田哲學」，這意味日本終於出現了一個新的原創思想家。從此以後，許多研究便致力解釋這位大師艱深的思想。自然，西田幾多郎並不是唯一一個熱切希望擺脫西洋哲學買辦的人，也不是唯一一個探取東方取向的人；雖然如此，在工作中

❶ 關於西田幾多郎的生平見：下村寅太郎：《若き西田幾多郎》，人文書院，1947，本文論述西田幾多郎生平、思想到《善の研究》爲止；高坂正顯：《西田幾多郎先生の生涯と思想》，弘文堂書房，1947，這是一本標準的著作；《西田日記》，全集第十三册；書信收在全集十七、十八卷（別卷五一六）。

由於他的耐性和貫徹的精神，我們必須將他提出。

在明治時代及以後，井上圓了曾嘗試調和佛教和西方的範疇，而井上哲次郎則將儒家、佛教及德國新觀念論結合在他現象、實體同一論下。然而，在面對這種表面的折衷主義時，卻沒有一個人真正抓住問題。井上哲次郎，顯然超過老一輩最好的哲學家，然而在他「即」的邏輯中，雖然他很嫻熟德國的邏輯，可是並沒有成功的將之結合起來。而西田幾多郎則至少在他寫作《働くものから見るものへ》（《從行動到視見》）時起，就已系統地建立他所稱的「場所的邏輯」。西田幾多郎也嘗試使用這種邏輯替東方文化建立基礎，就像希臘邏輯建立西方文化基礎一樣。代表大乘佛學最究極的「無」或「空」，就是他所強調相反於現象實體的東西。西田幾多郎在他的「場的邏輯」中接受這些觀念，並且給予這些觀念新的哲學內容。每一個諳熟印度和佛教哲學的人都知道，這些東方的觀點是很難譯成西方名詞或觀念的，因為東方這些觀點，主要是為達到解脫的苦行方式而不是哲學概念，因此它也輕視分析的檢討。然而，西田幾多郎嘗試藉西方哲學的幫助，結合這種觀念以找出一種新的邏輯。是故，他之難以瞭解，以及他之經常抱怨連他最優秀的學生，雖然同他一樣是東方人，並且也熟悉他的文化背景，可是一樣從來就不瞭解他這件事，我們是無庸驚訝的。

我提這些，是因為西田幾多郎對西方讀者來說，他之困難瞭解是因為他們不熟習東方思想。造成西田幾多郎困難瞭解的原因，並不是由於他使用像「無」這樣一般的概念，也不是他直覺的取向、或他的辯證法；而是他殊化的「場的邏輯」，或質化的無。實際上，他並不拾大乘佛學的牙慧，而他的「無」的觀念也不同於他前後同樣使用這個字的日本哲學思想家如高橋里美、田邊元、紀美正平等。

鈴木大拙，他曾為《善の研究》的英譯本寫序，在〈如何讀西田的作品〉一節，他似乎要告訴我們，瞭解西田幾多郎思想需要像學禪佛學一樣要有啟蒙。鈴木大拙，他喜歡一再而再的說東方人不需要有像西方哲學家一樣的思辨、理性思考。他忘了西田幾多郎曾受有多少西方哲學所給的好處；對於鈴木大拙這樣子的誇大聲勢，另外在戰後同時也經常可以聽到一些詰難，亦即說，西田幾多郎創造他自己體系的能力是基於他較其他人能更快的仔細閱讀德國雜誌 Logos 而獲得益處；甚至有一些日本批評家稱西田幾多郎「無的邏輯」為「邏輯的無」。

離卻這些極端的看法，在事實上，西田幾多郎仍是日本所曾有過最重要的思想家，要了解他，讀者除必須要有充分的東西洋哲學知識外，還要有意願嘗試探討西田幾多郎自己也不知的東西("the beyond" which is Nishida himself)。我想，主要的問題是西田幾多郎想成為一個世界性的思想家；更好說是，雖然西田幾多郎確實是希望將他的邏輯給予東方文化，但他的目的則仍然是要將它置於世界文化中，使它能夠普遍，因而造成西田幾多郎思想的複雜和閱讀的困難，正是出因於這個大膽的企圖，而不是他詩般的文體或他反復積累辯證的否定。

他寫作的方式曾被拿來與黑格爾和海德格相比擬，這種比擬對他晚期非常絞繞的作品來說是沒有錯的，然而對《善の研究》及其他不這麼難於閱讀的著作，則是很難適用。在瞭解西田幾多郎這件事上，對西方讀者來說，由於維格利爾模(V. H. Vigliehmo)將上揭的《善の研究》譯成了英文，特別是欣欽格(Schinzinger)的譯文與導論(於此他處理西田哲學中比《善の研究》更困難的各面)，已經變得簡單多了。我們也應該提一下野田又夫發表在《東西哲學季刊》(*Philosophy*

East and West） 一篇極值得稱讚討論西田幾多郎的文章。 至於以日
文寫作的研究著作則已有很多了， 並且新的研究也繼續不斷的出現，
這些研究的梗概， 我們在註釋中提了一些。關於務台理作對西田幾多
郎圓熟思想的一些特別的觀點所作的詮釋， 例如解釋《働くものから
見るものへ》一書， 我是沒有微詞的， 因爲務台理作是西田幾多郎的
學生， 並且他也是今天少數懂得西田幾多郎哲學的人❷。

---

❷ 討論西田哲學除了上述高坂正顯著作外， 有：

瀧澤克己：《西田哲學的根本問題》， 刀江書院， 1936； 新版， 清水書
房， 1946。高橋里美批評西田幾多郎從《働くものから見るものへ》開
始到早期關於《行動的直觀》的文章中有關「卽」的辯證的一篇很好研
究也收在裏頭。

高山岩男：《西田哲學》， 岩波書店， 1935；《續西田哲學》， 岩波書
店， 1940。雖然這本書太過於系統， 並且是走黑格爾精神現象學路線，
但是這本書仍被認爲是研究西田幾多郎最好的一本書， 在第一卷中討論
的是自然世界（高山岩男也是從《働くものから見るものへ》開始）、
意識世界、實體世界、人格世界以及歷史的辯證世界。第二卷討論的是
西田幾多郎晚期的發展， 特別是《哲學論文集》第三卷； 最後附錄討論
西田幾多郎和日本哲學的關係。

柳田謙十郎：《實踐哲學としての西田哲學》， 弘文堂書房， 1939；
《西田哲學體系》， 大東社， 1946。第一册討論西田幾多郎倫理思想的
架構， 從《善の研究》討論到《哲學論文集》的歷史世界； 第二本書如
標題所示， 是較爲一般而系統的一本書。

下村寅太郎：《西田哲學》， 白日書院， 1947， 這是一本研究西田幾多
郎相當著名的專家所寫的簡明介紹， 由兩個演講構成。

植田淸次：《西田哲學とデューイ哲學》（《西田哲學與杜威哲學》），
光の書房， 1947。比較《善の研究》與杜威哲學的關係， 後一部分主要
講杜威思想。

高坂正顯：《西田哲學と田邊哲學》， 黎明書房， 1949。比較研究京都
學派的兩位哲學家。

務台理作：《西田哲學》， 弘文堂， アテネ文庫， 1949； 在務台理作的
《文化と宗教》， 弘文堂書房， 1947。有兩章專門講「場所」的意義，

早期的「純粹經驗」

西田幾多郎處女作《善の研究》（1911）的基本概念叫「純粹經

(續)頁 96-136；又見《理想》，1961，2，頁 5-10。

長尾訓孝：《西田哲學の解釋》，理想社，1960，在幾章介紹西田思想的文字後，它研究了西田幾多郎的「場的邏輯」、「叡智世界」、「行動直視」和宗教觀點。

從馬克思主義觀點批評西田幾多郎和他的學派有：

林直道：《西田哲學批判》，解放社，1948；最近還有許多其他的書，如竹內良知編：《昭和思想史》，ミネルバ書院，1958，頁86-137；另外有一本討論西田幾多郎到寫《善の研究》時爲止，有關社會、文化背景很重要的書，卽：宮島肇：《明治的思想家像の形成》，未來社，1960。

其他在本書付印時出版的有：

山田宗睦：《日本型思想の原像》，三一書房，1961。

以西方文字寫成的有：

Kitarō Nishida, Intelligibility and the Philosophy of Nothingness, *Three Philosophical Essays*, transl. and introduced by R. Schinzinger, Maruzen, Tokyo, 1958. 這本書是轉譯自 Schinzinger 的德譯本，德譯本原題爲：K. Nishida, *Die intelligible Welt*, Berlin, 1943；其中三篇文章是〈叡智的世界〉、〈ゲーテの背景〉（〈歌德的背景〉）、及〈絕對矛盾的自己同一〉，這些文章各在西田幾多郎下列的全集中：V，XII，IX卷中。

Nishida Kitarō, *A Study of Good*, transl. by V. H. Viglielmo, Tokyo, 1960. 雖在 Schinzinger 的翻譯中有一個很好的導論，然這本書中有一篇鈴木大拙寫的 How to read Nishida（〈如何讀西田〉）及下村寅太郎的研究。

Taketi, T., Japanische Philosophie der Gegenwart, in: *Blätter für Deutsche Philosophie*, 1940, Heft 3, pp. 277-99.

Noda Matao, East-West Synthesis in K. Nishida, in: *Philosophy East and West*, 4, 1955, pp. 345-59; Noda M., Modern Japanese Philosophy and the Philosophy of Nishida K., in *Actes du XI Congrès Int. de Philosophie*, Bruxelles, 1953, pp. 263-67.

驗」，其意義是指直接意知事物的本來面目，在「純粹經驗」中，已存在的思想和正在成型的思考都包括在內，對思考的看重並不只是由於它是抽象普遍觀念，並且也是黑格爾式，爲具體實在物精神的共相之根源；「純粹經驗」也超越於個別的或特殊的經驗之上，尤其它是一種普遍的意向性，而不只是一種被動的知覺，更不是主觀意識狀態，意志也包括在此之內，因爲它是應用「純粹經驗」而實現的，它就像思想是一種對客觀事實的欲望一樣，「純粹經驗」的呈現是多，從顏色的知覺，或幼兒的原始經驗，到藝術、宗教經驗的直接體驗（Erlebnis），謝林（Schelling）的「同一」（Identität）是純粹經驗的一種特徵，亦卽是說，任何的正反面，如眞假的主客面，必須在一種統一的意識中超越掉，而這一種意識（awareness）正是《善の研究》第二部分所談的東西中，唯一一條開向實在事物知識之路。

實在必須是自我意識的現象，是純粹經驗自我包容活動的結果，意志變遷不居的本質並不透過機械的因果律來解釋，而是引據黑格爾的「無限」（das Unendliche），也就是像時空沒有量的界限一般來解釋；因此，卽使在空無中，也有一些東西可以經驗到，所有的區分只不過是部分的看法而已，是爲我們認識東西的方法而要求的；實在是在於整體之中，並且必須透過每一事物的生命賦予（animation）和人格化（personification）才能得到；因此，西田幾多郎援引許多心理學家以支持他的看法，主要是詹姆斯（James）、溫德（Wundt）和史多（C. F. Stout）；而像精神的—物質的、主動的—被動的、自然和精神這些對反（antinomies）必須在一個統一的實在中克服掉；因此，我們意識的心理階段，最後必須達到最終的一點——也就是神的實在。這一實在不能以傳統證明神存在的方法得到，也不能用康德「更薄弱」的論證（因爲缺少形上學之故），而是要透過像波墨（J. Böhme）一

樣的直接神秘經驗（波墨他是以一種「開放的眼睛」見神）， 或是透
過庫撒的尼可拉斯（Nicolas of Cusa）的否定神學。

　　最後，《善の研究》第三部分討論善，亦即我們行爲在它能夠被
意願和意識時，它能夠叫做人類的活動，並且能夠有道德的意義；再
說一遍，意志和知識並不是眞正分開的，知識和活動是同一種操作。
意志做爲我們意識最單純化的作用，是不能生自於物質的，然這不是
因爲意志和物質有根本上的差異，而是因爲意志是先於意識，因此它
必須是精神的。對於意志自由，西田幾多郎並不滿足決定論者和非決
定論者的說法，他以爲我們自由，是因爲有一種多樣性可能的理想呈
現在我們之中。在詳細檢討許多討論善惡的理論後，他提出他的「活
動說」。根據這一說法，善是我們內在慾念的實現，也就是理想必須
幫助我們各種意志的發展和使其完善。這一態度必須根據西田幾多郎
的基本觀念來了解，也就是說，意志是我們意識最單純的原素，並因
此是托襯我們活動之先天或最基本的托基。他在這地方引用亞里斯多
德「幸福」（Eudaimonia）的觀念當作我們意志趨向善的動因。

　　如是，最極致的善是在宗教之中（他在其著作第四部分中探討），
必然是一種「父與子的關係」。西田幾多郎隨意援用基督教的術語。
他很自由的引用一些能說明他看法的觀點（例如所有眞宗教必有的基
礎「神人同一說」）。因此，他的「萬有在神論」（panentheism）理
論與德國哲學家克勞塞（Krause）的主張並沒有太大的距離， 亦即
說，西田幾多郎並不熱衷於斯賓諾莎的泛神論，也不接受神的絕對超
越性，他採取的是一種內在超越現象。事實上，這是一種我們無法言
詮的現象， 只有像耶克哈特（Eckhart）或波墨（Böhme）的神秘主
義和他們的「冥濛透見」（obscure vision）或許有些幫助。

　　《善の研究》並不代表西田幾多郎的最終觀點，因爲稍後他就自

責太躭溺於以心理學方式分析意識。尤其，他所依賴的詹姆斯的「純粹經驗」並不單單只是一個名詞的問題而已。對詹姆斯來說也是一樣，直接經驗並不是只包括名詞的單項內容，而且也包括它們之間的關係。另外，以批評西田幾多郎著名的高橋里美（他自己也是一位好哲學家），我們應該提一下他嚴苛的批評：即《善の研究》缺乏一個認識論基礎，因而沒有將「純粹經驗」的本質弄清楚。換句話說，心理學是無法當作西田幾多郎所想達成那般圓融的世界觀基礎。

然而，這本書雖有這樣的缺陷，它還是表現出西田幾多郎最具特色的各方面特徵，這些特徵在後來的發展中，將變得更圓滿和詳盡，並且也要一遍又一遍的在他各階段的思想中重現。他主要的問題和興趣早就展現在這第一本著作中。

絕對自由意志的自我意識

西田幾多郎在《善の研究》及《働くものから見るものへ》兩書（1911-1927）之間所寫的作品，都在強調自我意識和絕對自由意志，而這兩個要素在我們要瞭解他的「場所的論理」時，必需要先把握住。其中第一本書《思索と體驗》(1915)，對於解釋西田幾多郎初到京都大學時，其所環繞於他四周的哲學氣氛很具有意義。當時京都大學正流行討論黎卡特的「純粹邏輯」、柏格森的「純粹縣延」(I. 203-03)❸。新康德主義和柏格森主義正順利發展着，西田幾多郎的

---

❸ 《西田幾多郎全集》，十二卷，岩波書店出版，1947-1953，又別卷六冊收集未出版的資料、信札及日記，第十八卷（別卷六）附有完整的索引，見頁501-14。爲簡便故，以下行文中引到西田幾多郎著作，以羅馬數字代表卷數，阿拉伯數字表頁數，兩書名標列一起者表兩書刊印於同一冊中。

書很清楚的反省這一潮流,他從自然與歷史科學間之差異這樣的問題,來考慮黎卡特、柯亨（Cohen）、柏格森、羅采、潘加累（Poincaré）等其他思想家（Ⅰ. 208-09）。

　　瞭解西田幾多郎思想發展，更重要的一本書是《自覺における直觀と反省》（《自我意識中之直觀和反省》， 1917）。這是一本有系統的書，並且其意圖與《善の研究》沒有什麼不同。西田幾多郎嘗試修正他早期的立場，以便超越「純粹經驗」和新康德主義，乃至於柏格森的「純粹緜延」的範疇，此書不僅透過認識論，並且也得有新且更深刻的哲學或新形而上學之助臂。而促使更進一步的刺激是羅哀斯（J. Royce）的 *The World and the Individual*（《世界與個體》）一書的附文 Supplementary Essays（Ⅱ. 16-17）。「自覺」一字，西田幾多郎並不是指自我分析的心理現象，而是較接近於菲希特（Fichte）的 Tathandlung（作為）或「先驗的自我」的自我意識（Ⅱ. 55-60）。

　　這本書前面六章，西田幾多郎明白地說明了各種意義的「意識」及「自我意識」，接着他以八章討論「經驗體系的本質」，亦卽自我

(續)Ⅰ. 善の研究 (1911); 思索と體驗 (1915)。
　　Ⅱ. 自覺における直觀と反省 (1917)。
　　Ⅲ. 意識の問題 (1910); 藝術と道德 (1923)。
　　Ⅳ. 働くものから見るものへ (1927)。
　　Ⅴ. 一般者の自覺的體系 (1930)。
　　Ⅵ. 無の自覺的限定 (1932)。
　　Ⅶ. 哲學の根本問題——行爲の世界(1933); 哲學の根本問題續編——
　　　　辯證法的世界 (1934)。
　　Ⅷ—Ⅺ. 哲學論文集。
　　Ⅻ. 續思索と體驗 (1937)。
　　ⅩⅢ—ⅩⅧ. 別卷Ⅰ—Ⅵ。

意識的本質。自我意識根本上是邏輯的原理，即如同一律一般的原理，因爲使得「Ａ」是「Ａ」有價值，是因爲我們有「我是我」的直觀（Ⅱ. 68-69），其他許多問題在這本書中也加以探討，如「應然」和「實然」的意義，客觀性對主觀性，柯亨（Cohen）對睿智經驗的解釋（Ⅱ. 104-15）。本書第二部分（二十九章──三十九章），西田幾多郎透過一些難題（aporias）如等同，數和空間的世界，精神的三領域，物質，乃至意志而帶出最初的自我同一直覺。他的結論（四十一章）藉着肯斷可以解決所有難題的絕對自由意志的自我意識之絕對優先性而說出。這種「主意論」（volumtarism）並不令人感到驚訝（在《善の研究》中也可以見到同樣的發展），因爲菲希特的（Tathandlung）已完成了一種類似的工作，而在「先驗我」（transcendental ego）的創造活動中解決了所有知識和意識的問題了。對於西田幾多郎來說，純粹經驗是運作的思考（對菲希特來說它同樣也是一種活動的形式）而超越任何一種「心理的邊緣」（Psychisch Fringe）、界限、或「接觸點」（Tangenten-Punkte，Ⅱ. 111）。

西田幾多郎應用了柯亨對《康德的經驗理論》的討論，以及其他資料，在最後強調說我們經常超越出有限的經驗之外，似乎就像我們肯定無限一樣。在這段文字中，他再次援引「奧秘」（mystics）（Ⅱ. 274-78），分析到最後，所有難題被解決的世界即就是絕對的未來世界。然而這個世界並不遙遠，它並且在各種藝術和宗教經驗表現中被實現出來了。

在《意識の問題》（《意識的問題》，1920）中，西田幾多郎嘗試去澄清意識的最終基礎，或（不同的說法，而結果是同一事物）絕對意志自由；換句話說，他爲自我的統一尋找理據（Grund）或最終理由以及底基（substratum）。在他的研究中，他應用了實驗心理

學的發現（Ⅲ. 3），　這種心理學關心的是一種自我超越意識（卽溫德（Wundt）、　提奇那（Titchner）和史多　(Stout)　意下的「感官知覺」(sensation, Ⅲ. 28) 或「情感感覺」(feeling, Ⅲ. 59)) 之對象的整體性分析；他也求諸胡塞爾的現象學，乃至於狄爾泰的描述心理學，感官知覺和情感感覺在它們的內在傾向當中，是建立在一個透過思考而呈現的先天自我統一上 (Ⅲ. 80-82)，　意志是情感感覺的最後階段，它代表意識的主觀面 (Ⅲ. 83-93)，　實現意志的最後場所似乎是菲希特的「自我同一」，菲希特的「自我同一」引入了實現性觀念 (Aktualitätsbegriff)，　或稱為所有客觀、　主觀呈現的世界實體之概念的實在性 (Ⅲ. 148-51)。

雖然西田幾多郎在《藝術と道德》(《藝術與道德》，1923) 一書中討論了許多不同的問題，但是他仍然信守着《意識の問題》所發展出的思考方式。這一點可以非常清楚地從他始終一貫主張超越自我是整個文化世界之基礎的說法中看出。由於這種看法，因此在藝術與道德之間沒有對立。在最深的層次中，或稱「視為自身的自然」(Nature seen in itself)，　自然就是文化，絕對意志比數學、邏輯及自然現象世界走得更深入，它見着了自然的自身，它並且藉着它自我超越傾向的力量實現了藝術世界和宗教世界 (Ⅲ. 239-52)。藝術世界是一個新的先天性，是永恒在時間中呈現，是一個完全不同於其他經驗的純粹意識，它的表現就是美感的感覺。西田幾多郎在討論了不同的美學理論後(Ⅲ. 261-87)，接着檢討美感意識的內容(Ⅲ. 288ff)。在一篇題名為〈眞善美的統一〉，並以阿西西的聖法蘭西斯為謳歌神所作的〈創造之歌〉作為起文的章節中，西田幾多郎更詳細地解釋了藝術與道德的關係。在這一段文字中，他結論說眞善美要在藝術家的人格活動中尋找，而不是在外在的自然世界之統一性中找 (Ⅲ. 355-

58)，美和眞的同一是建立在善觀念的意識上，而這意識在我們心中卻
又是經常潛隱不現的。西田幾多郎用「一個先天的先天性」來表示意
志的進入道德抉擇世界，這一表達方式意謂著意志有一種創造的動力
可以拓向無限的世界，因此，它是一個「絕對意志」（Ⅲ. 396; 412）。
同樣的努力也可見於《行爲的主觀》（《行動主體》，Ⅲ. 441-54）。
這一本書的總結論是：即使在藝術中，形成人格的倫理理想絕對是不
能被忘掉的（Ⅲ. 484）。

　　於此我要提一下西田幾多郎一篇論藝術的小文章，這篇文章寫於
西元一九三一年，也就是《藝術と道德》出版後八年，它收在《續思
索と體驗》（《思索與體驗續編》，1937）一書中。這篇文章並曾由
R. Schinzinger 以 "Goethe's Metaphysical Background" 爲名譯
成英文。這篇文章雖然與上述那一本書在實際上沒有什麼關係，但是
仍然很值得談一下，因爲在這篇文章中，西田幾多郎隱約地以爲東方
藝術是無形式的、非人格表現的。對於這個問題，他在底下的階段中
提出了一種形式和一種邏輯，而這篇文章是在他發展出了「場」的觀
念後所寫的，其中並回應着他在《働くものから見るものへ》序言所
表示的意思。因此這篇文章強調每一藝術的表現必須有一個永恒性爲
背景，以及藝術的歷史形式或多或少都根基於這個無限性上；因此希
臘的藝術由於其具體的形式，便與這樣一種永恒的指向（setting）相
距非常遙遠；但相反的，東方的藝術則幾乎完全浸潤在其中。早期的
基督教藝術應用了無限性作爲背景，可是卻缺乏專心一致於其永恒深
度的人格性。歌德雖然有一些無形式（formless）的面貌，但是，即
使他的泛神論也還是到處可以見到形式和個體性。藝術這一永恒在時
間中出現的暫時性幻像，於希臘文明中幾乎喪失在永恒的過去中，而
基督教文明及其藝術則面對於永恒的未來。在東方，則是永恒現在的

王國，旣不要考慮它來自何處，也不需要考慮是在於何處 (neither whence nor where is considered)，亦卽只有一種對永恒現在的無形式、無結束、無音聲的回應被感覺到。

場的邏輯及無

西田幾多郎下一本重要著作是《働くものから見るものへ》，這本書之所以重要的原因主要是因爲其中有一篇文章提出了一個精心構作的觀念「場」，這篇文章並且也題名爲〈場〉(Ⅳ. 207-89)。這篇文章雖然特別詳細探討「場」這一觀念，然而它在整本書，乃至於以後的著作都與此有關。在這本書的序言中，西田幾多郎指出其思想在這一新階段的企圖，亦卽如同本書這一章開宗明義所說的一樣，是爲東方文化提供邏輯的基礎，或是去看「無形之形」、聽「無聲之聲」。西田幾多郎向我們解釋他如何完成「場」的觀念。在嘗試以非希特的 Tathandlung (作爲) 去克服黎卡特和一般新康德主義的學說後，他暫時歸結說意志之基礎能在一種普羅亭式的直覺 (plotinian intuition) 中發現到。然而由於西田幾多郎不滿意這種結論，他再次地開始探討絕對意志的最終基礎(Ⅳ. 3-4)，這一次研究的結論很接近於邁農(A. Meinong) 的知識論上的概念 (Ⅳ. 76ff)。另外一個刺激他的思想是他實現亞里斯多德對個別實體必須要考慮計算進去的強調。像亞里斯多德的 hypokeimenon 這種述部的最後主詞及三段論證的起點一樣 (Ⅳ. 109；315)，西田幾多郎的「場」同時有邏輯和存有論上的意義。亞里斯多德的「實體」(Substance)和拉斯克的「場論」(Feldtheorie)，不用說還有柏拉圖的「場」(topos) 及「觀念世界」，都是形成西田幾多郎「場」觀念的直接靈感。

　　提出亞里斯多德和柏拉圖對西田幾多郎的影響可能使得某些人感到驚訝。但是根據野田又夫的解釋，這一影響主要是在第一次大戰後輾轉由胡塞爾而來的，胡塞爾於西田幾多郎形成「場所的論理」上所扮演的角色，在任何對此一問題要做詳細研究上是不能輕忽放過的。根據野田又夫的說法，西田幾多郎要探討的是眞實存有的個體化原理，亦卽是不能以邏輯術語定義的存在個體本身。因此它的詳細內容應該普遍得到處可以被發現，而就如同黑格爾具體的普遍性一樣要包涵事物的個體性。爲要瞭解西田幾多郎爲什麼要稱普遍的和個體化因素爲「場所」，最後並稱之爲「無」，那麼將傳統哲學中個體化原理的類比觀念放在心中，將會有很大的幫助。

　　亞里斯多德的「原質」（hyle）是純粹的潛能，缺乏所有來自於「形式」（form）的特徵，雖然士林哲學的原質並不是個體化原理，而是帶有一切缺如因素而內在於物質的潛能，可是它卻能指出爲什麼西田幾多郎以爲事物個體化的「場所」是「無」（Ⅳ. 223-24）。拉斯克的「場所範疇」（Gebietskategorie），西田幾多郎於較早的書中卽曾援引討論，因此一定要知道它是不同於決定普遍進入到個別實體中的「場所」。

　　事實上關於「無」的觀念，大乘佛教及道家比其他形態的思想談得更多，在這些系統中，如野田又夫所見到的，「無」雖然常意謂着「非自我中心」（non-egocentricity）這一很類似於基督教「絕對貧乏」的觀念，或完全的剝奪自我，可是西田幾多郎卻看到了另外其他的東西——「一種形式可以在其中出現的物質世界」——也就是亞里斯多德理論中形式從物質的潛能中出現的理論。雖然如此，可是讀者一定不能忘掉，爲了解說「場」的觀念及「場的邏輯」，除了《働くものから見るものへ》一書外，西田幾多郎其他的書也應該一樣置放

在心上，這些書包括《一般者の自覺的體系的世界》（《普遍的自我
意識世界》，1930）、《無の自覺的限定》（《無的自我意識決定》，
1932）， 及他最後一篇題爲〈場所的論理と宗教〉（〈場所的論理與
宗教〉， 1945）的文章，這篇最後的作品（Ⅺ. 371-464）顯示出他的
邏輯是怎樣的以宗教來做爲取向，他在其中企圖指出每一事物的最終
地位，並因而必須抵入於絕對否定、絕對無不知所底的深淵中去。在
《働くものから見るものへ》中所提到的「耀眼的迷茫」（dazzling
obscurity），在他最後的一篇文章的內容中已經逐漸變成了宗教的了，
而場所的邏輯本身則變成了否定辯證論（negative dialectics）。

　　讓我們從這一點回到《働くものから見るものへ》一書，並儘可
能試着順着西田幾多郎來走。他在這本書中對知識論的要求很明顯地
是相當消極的，他認爲康德的「意識一般」（Bewuβtsein überhaupt）
並不足以做爲一般認識的穩固基礎和場所。 西田幾多郎的主要論證
是：人具有意志、情緒、宗教體驗等這般主觀的現象，而且所有這些
現象也都要求另外的基礎來支持它們。 在尋找替代康德的「意識一
般」的努力當中，西田幾多郎引進了他的「預言般」（predictive）或
超越的邏輯，並且引入三個主要的場所（特別是本章前頭所提的「場
所」， Ⅳ. 232；236），這三個「場所」是：物理世界，人類存在的
世界或場所（相對無），以及叡智世界（絕對無）。

　　關於這三種「場所」的討論，要留待到底下一本我們將要討論
的書《一般者の自覺的體系》中。他在這本書的第三章指出：這一討
論只能透過「普遍判斷變成爲先驗的普遍自我意識的先驗述詞」（"a
transcendental predicate that the universal judgement becomes
a transcendental universal self-consciousness"）及物的場所。一
般來說，西田幾多郎的邏輯（參見本書前兩章）承認一種抓住事物個

體性的特殊述詞（先驗的述語）。 在亞里斯多德的邏輯中， 個體是主語， 於此主語中， 各種事物都能被肯定或否定，但是它本身不能在表述其他東西中變成述語。對亞里斯多德來說， 個體是永遠不能被完全表達的， 它實際上就是「不可名狀的」(ineffable)。 西田幾多郎把包涵 (subsumption) 這種使得主詞成為具體個體的判斷當作出發點，而將先驗的述語弄成一種唯一可以提供事物普遍知識的共相。這樣的個體可能不會成為科學， 也就是說不會是普遍有效的知識，將述語稱為「先驗的」是為要與一般的述語區分開來， 一般的述語沒有具體的普遍性；另外也是因為要指出主詞是在具有客觀現實性的述語中反映出或轉移過來的。換句話說，主客觀的二元性即由這一述語而超越出來。

　　事實上普遍存有的先驗自我意識就是在這一點上得到其意義， 由此讀者可以看出西田幾多郎何以如此稱述他的書名。在西田幾多郎哲學中扮演恒常動機的自我意識，在本書和後來一些著作中占有很特出的地位， 但其中有一個很大的差別： 即西田幾多郎為要避免讓人把「自我意識」(self-consciousness) 誤認為只是心理學上的「自覺」(self-awareness)， 因此他很喜歡強調說： 最好把「場所」看成是形式所以實現的根基或母型 (substrutum or matrix)。 普遍的概念（或稱「一般概念」）在物理世界中必然受到許多邏輯構造的特化或限制， 甚至平常的述詞也可以看成是一種個別化的因素。但在人的實在性世界中，其做為根柢的自我意識比以往變得更具刺激性，主詞則變為超越的述詞，因為它同樣可以在直觀中以主詞或受詞來掌握其自己。在「叡智的世界」或價值的世界中，主詞的自覺甚至變得更顯明 (V. 123-85)。 不管獨個或成聚，在物理世界中決定個別實在地位的就是述詞。在人的實在性世界中，述詞是成全個別主詞地位的內在自

我。在叡智世界中，自我意識是由眞、善、美的叡見所決定的。很清楚地，我們現在是站在一個蔑視定義的先驗世界中，並且透過宗教經驗走進到「絕對無」(absolute nothingness)，也就是最終極的決定和所有事物的場所中 (V. 180-82; 410-12)。

西田幾多郎的邏輯的宗教傾向，很明顯地在本書末章〈叡智的世界〉一文 (V. 419-81) 中表現了出來。這一篇文章中，他所提到的神秘宗教思想家，我們可以挑出柏羅丁 (Plotinus, V. 471)。因爲柏羅丁的宗教哲學很能夠用來說明西田幾多郎的邏輯歷程。我們知道，柏羅丁主張由「一」(One，或一切存有的最終根源)，經由「奴斯」(nous，西田幾多郎的普遍判斷) 和「精神」(psyche，西田幾多郎的自我意識)，而最後達到睿知或神性的領域。然而，我們還得再提的是，當西田幾多郎達到這最後領域或「場所」時，一切哲學反省似乎成了次要的了。雖然他對宗教經驗做了長篇的分析 (V. 173-82)，但他卻告訴我們，這些哲學反省雖屬必須，但是對於超乎言說的宗教經驗本身卻是沒有什麼干係的，因此他對東西方的神秘主義感到興趣。毫無疑問的，對於西田幾多郎來說，「絕對無」(absolute nothingness) 是一個比西方式宗教經驗更爲深刻的表達方式，因爲世界在此中被吞沒掉，自我也一樣在此中消失了，而只有在另一種禪佛教頓悟的啟聾發瞶的刹那中才再次浮現。大乘佛學說：「實相卽空，空卽實相」，而西田幾多郎獨特之處卽是他對三層世界及各種無的形式的批判建設，以及他關於自我意識之共相的哲學體系。再說一次，首先這是一個「判斷的共相」，然後成爲一個「自我意識的共相」，最後乃是絕對無的意識。

任何要對西田幾多郎思想做充分的探討，必須注意他如何使用胡塞爾的「所知」(noema，卽事物的觀念或可理解性) 以及「能知」

（noesis，亦卽意向性或意識對對象的傾向）的範疇。西田幾多郎認
爲「所知」及「能知」都要求對實在做充分的理解，也就是要討論到
最後的世界或價值世界（卽藝術、道德及宗教）。顧昑地來考慮一下
西田幾多郎與胡塞爾的關係雖然是很有用處，但我必須將這一討論留
置稍後再討論，而先簡略地探討一下西田幾多郎的下一本書：《無の
自覺的限定》（1932）。

在這本書中，西田幾多郎強調永恒現在（eternal present）變成
場所的一個重要的消極界限，而爲其「場所」及「無」做出另一個細
微的分析。在《永恒現在的自我限制》及《時間中的及非時間中的
物》等文章中，西田幾多郎特別突顯「絕對現在」，同時他也開始發
展他的社會哲學。這一強調對「無」在其過去、現在的同一中所表顯
的辯證實在之眞直覺的直接經驗給予了一個評定。因此絕對無也就是
各種矛盾的絕對場所，因爲若無這種否定，也就不曾有個別實在存在
過。

總結西田幾多郎的場所論理，我挑出下列數點最有助於吾人了解
的說法。對西田幾多郎來說，認識事物可以有兩種方法：一種是對事
物的直接統覺；另一種則是經由我們自我意識所得到的知識。不同於
他以前強調超越我的意識（卽菲希特（Fichte）的 Tathandlung），
現在他強調的是場所的自我意識。場所之爲自我意識所偏好，乃是因
爲它是一個不帶心理意含的中性字，同時也是因爲它是無所不包的。
這一概念的徵定依賴於述詞中的超越性和空無的因素。另一方面，主
詞並不完全是普遍的，它並且與存有有很密切的關係。述詞在其自我
決定中構做主詞（或具體的普遍，concrete universal），爲要避免
任何會造成主客對立的判斷，以及爲要避免在判斷中含有太多的「存
有」，西田幾多郎認爲述詞根本不具有主詞的實質性。因此，超越述

詞亦即就是不加以分辨就應用到主詞而可以稱爲無的那種東西。

　　於是這種西田幾多郎以邏輯來治備的辯證法類型可以表示東方文化建基於實在的空無的意義了。必須強調的是，這種空無不是西方哲學的存有學上的虛無（ontological nothingness），西方的這種虛無，日文大致上都譯成「虛無」，但即使如此，日文中叫爲「無」的概念，亦即是帶着全歷程和矛盾的絕對呈現，這種絕對呈現即使在其宗教上最細微的差別上，仍與基督教具有超越位格的神觀無關。

行動直觀及歷史世界

　　西田哲學的最後階段所涵蓋的著作爲數册的《哲學論文集》（全集Ⅷ～Ⅺ），文集中有一些是短論。這一期的特色是「場所」變成了歷史世界，而其憑藉的關鍵是如「行動的直觀」及「歷史的身體」等概念；並且在這個歷史世界中，矛盾或實體的辯證面是最高的原理。事實上，西田幾多郎對歷史世界的興趣是始自於西元一九三四年出版的二册《哲學の根本問題》，這兩本書分別標上「行爲の世界」及「辯證法的世界」兩個副題（全集Ⅶ）。黑格爾的辯證法和歷史主義（國家主義更不用說了）對當時日本具有（或差不多具有）完全的決定性，其對西田幾多郎的影響亦是很明顯的事。事實上，西田幾多郎當時正嘗試創造一套歷史哲學，關於歷史哲學正是他未曾開墾的新研究領域。

　　《哲學の根本問題》的第一章開始便對古典和現代形而上學做了一番詳盡的分析。當然西田幾多郎爲了要讓他自己的「行動自我」（働くもの働く自己）形而上學與亞里斯多德的存有形而上學對列，因此將他自己的思想列爲「現代的」（modern）。西田幾多郎把這種

「行動自我」或歷史存有當作一種新的形而上學的基礎，這是因爲他想掌握世界的最終實在。在《私と世界》（VII. 85-172）一文中，他宣說了他的社會辯證法，並且批判了馬克思主義的「實踐」哲學（philosophy of praxis）（VII. 173-75）。然而在《哲學の根本問題》第二冊中，人們與世界的關係不但從行動個體一面來看，並且也在其限制和對比下而從其本身來看。換句話說，世界必須要看成是辯證法的世界（VII. 203）。西田幾多郎在《辯證法的一般者としての世界》的整篇文字中發揮了這個主題，提出理由說：個別事物雖然有它們自己的自我決定，但較眞實且更爲普遍的自我決定，除非是從整個歷史世界來考慮，否則是無法發現的。以世界上「主動單子」（acting monads）面對「他者」的個別事物，並不是以抽象的共相來限定其自己，而是由唯一能保持其原創性的辯證共相（dialectical universal）來限定其自己。辯證的共相很清楚地是個體自己在歷史上的配備，但它對西田幾多郎來說，則變成了一種絕對的辯證共相，是故在歷史世界中有這麼多，那麼複雜的辯證對立。在絕對無與絕對辯證共相之間也許可以劃上一條平行線，但更重要地是要考慮西田幾多郎這一整個階段思想的邏輯合法性。我們的考察可以從對他在《哲學論文集》（VIII. 107-218；541-71）中兩篇文章引介入的新詞「行爲的直觀」的一些觀察開始。「行爲的直觀」意卽不可能有沒有直觀的行爲；反之，也沒有沒有行爲的直觀。這點就創造的及藝術的行爲，或歷史行爲尤其眞實。這種觀念在另一篇題爲《實踐哲學序論》（X. 7-123）的文章中也有討論，而在另一篇帶有響亮標題《絕對矛盾的自己同一》（IX. 142-222）的文章中，則討論得最爲詳盡。

西田幾多郎察覺到他「行爲的直觀」的概念造成了許多誤解（X. 32），他早先是以「我經由行爲見到事物，而決定和限定它們自己的

事物同時也由『其他自己』(otherselves)來限定和決定」(XIII. 131)
的觀點來定義。很清楚地,「行爲的直觀」的辯證法本身並沒有很清
楚地在這些術語中被表達出來,因此西田幾多郎寫了上述所提那篇文
章,而其標題 R. Schinzinger 則將之簡譯爲〈對立的一體性〉(Oneness
of Opposites)。

　此一「一體性」(Oneness) 是來自於西田幾多郎所見到而特別強
調出的矛盾的統一。這種需要加以強調的辯證法與黑格爾的辯證法並
不相同,因爲它並不只極力強調對立的同一和同時性,並且也強調所
有個別事物應該被看成是一種永恒的自我限制或否定的統一的相互作
用(Ⅸ. 147-48)。每一種東西自身都是從已成形的東西移向一個新的
決定中去,但對西田幾多郎來說,這歷程本身並不像過去和未來的交
叉路口般的當下的現在一樣重要。在這個被認爲是離卻了行動的歷程
當中存在着一個決定,但這個決定並不是限定的因素。於此我們也許
會想起,「場所」已經變成了絕對的現在,也就是說,眞正的實在已
在辯證上加以限制和限定。現存的限制本身不但是因爲——也就是
說——與過去和未來有關,並且也是因爲它是眞正的「現在」,因此,
它超越時間的限制,並因而是最受到限定的實體了。它實卽是實現現
在及在流動不居的當下性中掌握到做爲最後決定因素的「現在」的行
動直觀(acting-intuition)。

　「行動直觀」之演進成絕對辯證法的準階段,務台理作曾經指出
了另一個理由來。他指出:「行動直觀本身在其三階段的否定中與
「絕對矛盾的自我同一」有關。「行動直觀」由於它是自我反省,因
此與延續的自我有關,而這一延續的自我在行動和目見的歷程(the
process of acting and seeing)中不會落失,只不過趨向於「場
所」,並因而定立一個次級的關係罷了。第三個關係則產生於歷史世

界的創造。所有這三個關係都必須限制和否定它自己以便能澈底地運作。因此，我們在這種相互否定的歷程當中走向一個整全的辯證法：也就是絕對的辯證法，或者說是絕對矛盾的自我同一。特別的歷史活動是由「表現的理性」（做爲表現的理性），特別是「表現的一般者」（普遍的表現）所帶出的。這一點意味着歷史世界並不是機械的因果關係方式，或只根據於生物學的型態來構成的，而無寧是我們自己人格的一種表現、或者說是一種符徵。另一方面來說，人格與社會及國家有關的「種」關聯在一起，並強烈地受到其限制。對於西田幾多郎來說，辯證對立的極端要在於「歷史的身體」（歷史體）中發現到。在歷史體當中，自我必須持續地否定自己以符合主體，這個主體亦卽是黑格爾系統必須設定存在的道德主體（Ⅸ. 186-187）。

在「表現的一般者」的自我對立歷程中有一個重要的角色是保留給意志，這個意志就如同我們所能想到的意志一樣，是西田幾多郎所有著作中一再出現的主題。一直從潛能變到現實的「表現的一般者」的眞正呈現不但是行動的中樞，並且也是永恒對立的根源。由此理由，西田幾多郎於是稱意志爲「絕對的弔詭」（absolute paradox）。爲要了解西田幾多郎在此所意味的是什麼，那麼一兩個示例也許會有些用處。例如說，「行動直觀」在兩個非常不同的方向中移動，也就是說它一方面傾向於在「表現的世界」中表現出爲普遍的這一個方向；或是在另一方面走向自由意志能在其中扮演非常重要角色的個體或世界的這一個方向。其次，在「表現的理性」創造那些道德及社會生活之基礎上最爲普遍的法則時，個體同時也傾向於完全地否認這些普遍的表現和法則。由此，透過絕對意志來看個體，似乎是相對於被普遍化了的理性之永恒對立。

絕對對立的辯證法的最後一種面貌是「自己同一」。自我在辯證

法上的所有面貌，就像它與他者的關係中的否定性一樣，是與某一根本的「一」有關，這種根本的「一」同時也是某一人自身的知識。經由絕對在辯證法上的同一，我們更進一步達致絕對的無，以及其在宗教上的應用。

西田幾多郎的宗教觀與文化觀

西田幾多郎最後所寫的一篇文章是〈場所的論理と宗教〉（XI. 371-464），這篇文章是一個偉大哲學家想對其思想的最後觀點做一個明確交待的結論。當然，想在這篇文章中發現西田幾多郎的邏輯的最終、最完滿解釋的想法是太逾份了，因爲這篇文章大部分是在談他最後對宗教的看法。並且似乎在他去逝之際，他正準備寫另一篇討論邏輯的文章。從他所討論的宗教觀點看來，很清楚地，西田幾多郎比較偏好的不是泛神論（pantheism），而是「萬有在神論」（panentheism），以及基督教把神看成爲是超越的看法（XI. 309）。根據野田又夫的說法，西田幾多郎生命的最後階段很受到辯證神學或齊克果的基督教存在主義的啟發，而不是禪宗或東方思想。事實上確實有許多存在主義思想家的說法被西田幾多郎引用到他最後的這篇文章中，而佛教文獻卻沒有片言隻語被引用。然而更重要的是，許多西田幾多郎的重要觀念如「絕對的現在」（absolute present）及「絕對對立的自己同一」一再的出現。由於這個理由，我想我們應該注意一下從別的思想家所摘錄引述的話、以及說明得比講述其自己觀點最爲清楚時還更清楚的其他思想家思想，例如說，倘若神必須像萬有在神論一樣所要求地爲絕對地愛，且爲內在而超越的，那麼神必也是「絕對的自我限制」以及「絕對的無」。他對基督教及佛教一樣都希望他們能夠創造

一個新的文明，以爲社會提供一個新的道德脊柱，但他同時也不敢十分確定能夠做到這點（XI. 462）。他在這愼重期待的注記上結束這篇以勸誡人更深邃其宗教心靈的文章。

在西田幾多郎思想上占有很重要部分的文化觀，主要見於他的兩份著作，這兩份著作寫於不同時候，環境背景也不同。因此可以顯示出他對東方文化及世界文化的態度。第一份是屬於他早期研究歷史世界的階段。第二份則寫於日本軍國主義熾張時。然而在某一種意義下，這第二部分比第一部分在強調日本精神的獨特性時較不被渲染，第一部分完成於西元一九三四年，題爲〈形而上學的立場から見た東西古代の文化形態〉（〈從形而上學的觀點來看古代東西方文化的形態〉）。這篇文章收集在我們以前曾提及的《哲學の根本問題續編》（VII. 426-53）一書中。第二部分作品是他在西元一九三八年爲京都大學所舉辦一系列演講所寫的，題目標爲〈日本文化の問題〉（XVIII. 35-142）。

第一篇作品中，西田幾多郎基本上關心的是終極歷史實在（形而上學）的探尋。他的出發點是根據東方有完善規定的(well defined)世界觀這個事實出發。因而認爲必須也有一深潛的形而上學爲其基礎。這個基礎卽是實在當作爲「無」(nothingness) 這一概念，這一概念尖銳地與西方將實在的意義視爲「有」(being) 的基本看法正相反對（VII. 429-30）。西田幾多郎考察了賦予西方世界人格性概念的希臘實體觀念、羅馬文化及基督教（VII. 423-33），然後再比較極具宗教性的印度文化以及旣不像希臘那樣具哲學性、也不像印度一樣有神秘心靈的中國文化，中國文化所具的特色是一種社會倫常 (ethos)，但不見有個體性（VII. 434-37）。現代歐洲文明發展出了科學精神，但卻成爲觀念論和人格主義潮流的障礙。西田幾多郎在西方文明貶人化

中見到了一種空無的元素，但這種空無與佛教的無無關，在西田幾多郎的觀點中，俄國帶有些東方的特色（Ⅶ. 438-40）。

　　在對這些世界文化做了評述之後，西田幾多郎回頭向日本，並強調日本文化所帶有的藝術面貌，但這一面貌與希臘藝術之為永恒觀念的一種形式的看法不同。日本藝術是種感性的形式，因此日本文化是種「情的文化」，或者說是種建立在視實在為「無形無聲」（形なき聲なき）的感性及感觸上的文化。日本文化雖然是建立在感性及感觸上，但不是性慾的（erotic）文化，也不是一種屬於宗教性的、尤其更不是屬於中國意義下的道德性文化。西田幾多郎似乎是贊成地指出「不具人格性」以及「不具理性」兩個因素。日本文化其目標是指向「絕對否定」。佛教中最具理性或思辯形式的宗派如天台宗，從不曾在日本深植過根本，因為日本一直持守着它的感性態度來對待自然和實在界。西田幾多郎歸結地說：日本文化要在世界占一席之地而又同時保有它的本有特性，就必須透過否定來克服他在日本文化中婉轉隱約指出的弱點（Ⅶ. 440-45）。

　　西田幾多郎第二本討論日本文化的著作，對於西方讀者可以不必做要點摘述，因為最近他們可以在《日本傳統資料書》（*Sources of Japanese Tradition*）這本極卓越的書中讀到一篇相當長的選錄。其主要觀念為：縱使是有情的及非理性的因素，但在日本文化中仍有一根本上邁向於事物真相的趨向。於西田幾多郎倡言一種他在以前著作中不曾強調過的科學的、理性的精神。不可否認的，他一些有關天皇的說法被戰後的批評家看為是對極端國家主義的一種姑息，但真實情況卻相當不同。事實上是這樣的：西田幾多郎是在軍國主義者最窮凶惡極時做這些演講的。如同高坂正顯告訴我們的，西田幾多郎當時已退休住在鎌倉，他被叫到京都做這些演講，正是因為他的人格不容易

差遣用來做爲政治宣傳的工具，於是軍國主義者拉攏所有學術圈頌揚日本一切事物的獨特性，以及日本文化的崇高。倘若我們考慮一下這個時代（亦就是極端國家主義者出版官方《國體の本義》之前一年），我們就得承認西田幾多郎是以相當學術性的態度來做這些演講。而他的緩和立場也很明顯，毫無疑問的他發現到激進的國家主義是如何地強調日本精神的非理性因素，以用來強化對天皇意志的盲目服從。在這樣的環境下，他於是急切想修改他第一篇討論日本文化的著作中的看法，而這也就是他之所以要談到需要一個更理性、更科學的精神之緣故。

然而我必須承認，在西田幾多郎的最後著作中，出現有一些歧晦之處，而且也容許有別的解釋。例如野田又夫便相當批評西田幾多郎從其場的邏輯到明顯在其最後階段受基督教激發而得的有關歷史世界之轉變。大部分日本的評論者他們雖然接受西田幾多郎的新邏輯，但對於他強調「無」這一點也極感困擾，「無」概念雖是非常東方的，但也不是那麼容易去解釋清楚的。這裏我指的批評者不是馬克思主義者，而是相信語詞概念分析的哲學家。在下一章中，我們將可見到西田幾多郎最優秀的學生田邊元是如何批評他。於此我們可以概略回想一下左右田喜一郎的說法，他雖然在一般上相當推崇西田幾多郎，但也指出了他的系統上的弱點，例如他無法解釋意識在認識論問題上所扮演的角色。左右田喜一郎也提出場所爲何必須要被想爲「空無」這個問題來。他可以容忍西田幾多郎將存有想成爲一種決定的、且客觀的內容，然而空無又何以不可呢？根據左右田喜一郎的看法，在非客觀化實在界中一直無法達到的決定，太容易產生一種可以被稱爲存有的決定的限制或實在界。左右田喜一郎感到不清楚的其他觀點是「無」如何區分爲相對的和絕對的。左右田喜一郎認爲一旦承認了「相對的

無」，那麼除了承認有許多種「無」並帶有相關的存有學應用外，是別無他途的。因此「無」只不過是一種涵蓋一種存有之形而上學的名字而已。在這個脈絡上略提一下另一個批判西田幾多郎的高橋里美，應是件很有意思的事，他將「絕對無」改換成「絕對有」(absolute being)。

西田思想上私儀的學生如 R. Schinzinger 很清楚說明了「無不是什麼」。正面上 Schinzinger 認爲無正就是那個根據黑格爾的「美好的無限」(gutes Unendliches)，而添加到重言語式的那個「無」，另外他並認爲無就是那個「在有限存有中而藉有限存有以表現出來的」。高山岩男認爲印度的無的概念根本上雖是空虛和他世的，但日本的無則是活生生而豐富的。毫無疑問的，這是眞正西田幾多郎意下的無。邏輯上的困難很明顯地並沒有因上述的解釋而解決掉，它們只有在這些思想能夠被置於一個它們眞正所從出的宗教領域時才可能；也就是做爲一種救贖之道，無才可能被解釋。要弄出系統的思考歷程在哲學上成長的努力，至今仍受限於不一致性。雖然如此，西田幾多郎仍必須被看成是一個具有最高尚且最能堅守意向的人。最後我們也許可以同野田又夫一樣指出，自由主義者及社會主義者對西田幾多郎的批判傾向於忽視「日本迄今仍殷切需要 consolationem philosophiae（哲學的慰藉）」這一事實。由此日本民眾甚至比哲學家更常顯示出對西田幾多郎思想的絕大興趣，因爲西田幾多郎的思想正是「一種普遍上屬於日本，並或許也可代表東方心態這種自由主義者和社會主義者在戰線上急切想予以忽視的表現」❹。

---

❹ *Sources of Japanese Tradition*, compiled by R. Tsunoda; Wm. Th. de Bary; D. Keene, New York, 1958, pp. 857-72，關於左右田喜一郎的看法，見: 船山信一:《日本の觀念論者》，頁 262-69;

對於野田又夫這些觀察入微的說法，我想更進一步說：日本人已
經發現到，在西田幾多郎思想中有一種「宗教的慰藉」（consolation
religionis）， 以及很不幸經常被把宗教層面看為沒有意義的批評家所
忽視的兩個方面，即西田幾多郎著作中的宗教「意向」（intent）， 以
及他所訴求的日本心靈中的宗教面。

人們也許可以反對說， 西田幾多郎並沒有特別寫過宗教哲學的
書，這確是事實，但誰若細心檢查一下《寸心日記》這一雖然用筆名
發表，但仍不能遮掩它是西田幾多郎自己深層思想的表現的作品，那
麼他就不能避開宗教是西田幾多郎從事哲學的起點和終點這個結論。
西田幾多郎這一思想很明白得有我所訪談過曾經評析過其老師的那些
西田幾多郎學生的證實。這一點並且也得有一篇由岳野慶作博士最近
在其論文中所做的探討的證實。在這些證明的照明下，我只能總結地
說：完全忽視或棄置西田幾多郎思想的這一面，正是見樹不見林的行
徑❺。

(續)關於高橋里美的批評以及西谷啟治的答覆，見：《思想》，第一六四號，
1936年1月，頁 1-41；98-129。
英文研討「東方的無」的佳作， 參見佛教學者梶山雄一在 Japanese
National Commission for Unesco 主編的 *Philosophical Studies
of Japan*，卷二，1960，頁 65-97的文章。
❺ 下村寅太郎：《若き西田幾多郎先生》，同前引，頁 68 以下。高坂正
顯：《西田哲學と田邊哲學》；同前引，頁 46-47；岳野慶作 (Keisuku
Takeno): *Pascal et la Philosophie de Nishida*, 1961, passim. (未
出版論文)，承作者熱心提供。

第五章　波多野精一、和辻哲郎及田邊元等其他具有代表性的哲學家

波多野精一 (1877–1950) 的宗教哲學

波多野精一是位西洋哲學史家兼宗教哲學家，他在日本現代思想史上亦值得佔有一特別的地位，他雖然不能與西田幾多郎及本章所要討論的另兩位相提並論，但是他之做為第一個有系統的宗教哲學家，其影響至今仍很明顯。

波多野精一生於長野這個地方。他在第一高等學校畢業後，進入了東京大學就讀。在那裏，克伯先生對他的影響很大，克伯也是他研究院論文《スピノザ研究》（《斯賓諾莎研究》）的指導教授。波多野精一這篇論文首先是以德文寫作的，然後在西元一九一〇年才以日文印行。西元一九〇一年，波多野精一出版了《西洋哲學史要》一書，這本書明白地顯示出他是日本一位傑出的西洋哲學家。由此，波多野精一的名字與中島力造、大西祝（後來在西元一九一七年至一九一八年安倍能成將之加入）等人的名字並列，這些人的哲學著作在日本都廣受人閱讀。波多野精一的著作一直到二次大戰仍還為人所樂讀。參考最好的德國及英美材料，波多野精一從古希臘思想家講到史賓塞的

哲學，在寫這本書當時，波多野精一正執教於早稻田大學（當時還叫做東京專門學校），這本具有這樣內容的書，竟是由一位年僅二十四歲年輕講師所寫作，着實是令人吃驚之事。

西元一九〇四年，早稻田大學當局資送波多野精一前往德國，他於德國曾就讀於柏林和海德堡兩大學。在柏林大學，他聽了哈那克(Harnack)和懷德勒(Pfaiderer)的課；在海德堡大學則聽了外斯(Johannes Weiss)、特勒曲(E. Troeltsch)及戴思曼(A. Deissmann)的課。波多野精一對基督教的興趣雖然早發生於出國前（他大約是在西元一九〇二年受洗），但這些興趣則是因在德國所接觸到以及在講課中所發現到的而大幅增高。西元一九〇六年他返日本後，重回到早稻田大學任教。當時他被要求暫代姉崎正治的職位，因爲姉崎正治當時正主持東京大學宗教學科部門。姉崎正治他是以研究日本宗教的著作著名，這時候姉崎正治適正做短期出國。波多野精一在這時候（西元一九〇八年）出版了《キリスト教の起源》（《基督教的起源》）一書，此書引起了一陣相當大的風波，因爲這本書首次以德國的「文獻批判」(Text Kritik) 而將布塞（W. Bousset）和維慈捷克（K. Wiezsäcker）的歷史語言方法介紹入日本。然而，應該要再指出的是，波多野精一的看法在他晚年準備於西元一九五〇年出版的同性質的書《原始基督教》中，則已有所改變了。在後一書中，波多野精一試圖以較深一層對基督教本質的研究來克服歷史─文獻的方法。然無論如何，這是他晚年的事，他晚期更注重宗教哲學的努力，而不注重其歷史性的問題，是以他是一位文化史家、思想史家，認爲基督教與希臘化主義 (Hellenism) 間有一嚴格的關係。文德爾班（Windelband）和特勒曲 (Troeltsch) 的著作是他靈感的泉源和指針，這種型態的歷史研究在他的《パウロ》（《保羅》）一書中也可以清楚

見到，這本書首版發行於西元一九二八年，西元一九四七年並另以新版重新發行。

　　波多野精一另外也研究希臘思想。經由他的許多學生，我們發現波多野精一不但培養這些學生愛好如黑格爾等這類的現代哲學家，並且也培養他們愛好希臘的泉源，因此波多野精一也是日本所曾有過最重要的哲學史家。雖然如此，他的興趣仍在別處。至於他事業的轉捩點，則是在西元一九一七年突然辭去早稻田大學的職位，隨即接受西田幾多郎等人之聘來到京都。在京都他受推出任宗教學的教職，這個位子使得他不必再負責日本大學例行而令人厭煩的一、二年級生規定必須的哲學概論等課程，因而使得他能貢獻所餘的生命研究宗教現象❶。

　　有兩個研究是波多野精一哲學活動新階段的始點，一是普羅丁(Plotin)的研究，一是康德宗教哲學的研究。他所研究的這兩個人且都是其各自所屬時代的文化代表。在這時期（西元一九二〇年），波多野精一第一本討論宗教哲學的書是《宗教哲學の本質及びその根本問題》（《宗教哲學的本質及其根本問題》）。但這本書只不過是波多野精一另外三本書的一個準備而已，其他的三本著作更有系統地展現出波多野精一的宗教哲學。他傾向於反對十九世紀宗教史家的實證主義偏見。康德的批判方法很清楚地可以在他的書中見到，尤其在他西元一九二二年爲《岩波哲學辭典》所寫的文章中更是可以看得出來。關於宗教學的文章，他以爲這一科學，倘若不是爲要故意對宗教的最好各面做無知狀，就必然不會把它只限制在一個純粹歷史性的考

---

❶　《宗教と哲學の根本にあるもの波多野精一の學業について》（宗教與哲學的基本成素──波多野精一博士的學術成就），石原謙、田中美知太郎、片山正直作，岩波書店，1954，頁 1-36, 145-253。

慮而已。歷史因素只不過是爲了解宗教哲學最高原素的宗教經驗的一個出發點而已❷。

　　西元一九三五年他出版了《宗教哲學》一書， 在這本書中， 波多野精一的出發點是史萊馬赫 (Schleiermacher) 的「高等實在論」(höherer Realismus)， 亦卽指人類個人與上帝的高等超越實在性的接觸。神是以力量，以眞理，以愛來表現。波多野精一對宗教學者如惹得不隆 (Soederblom)、奧圖 (Otto) 及海勒 (Heiler)，乃至於宗教哲學家休慈 (Scholz) 等人作品的熟悉 (不用說還包括更多古代的學者)，成了他專注所究「實在且完善之存有」(ens realissimum et perfectissimum)， 並用以建構神的工具。 他很明白地嘗試將基督宗教活生生的神的概念加以合法化。對他來說，康德對上帝存在的古典論證及對安瑟姆 (Anselm) 存有論證的批判只不過是對那些嘗試以各種方式去證明事實上只須要去體驗的事實之思想所感覺到的宗教經驗所做或直接或間接的證言而已。在這種考慮之下，形而上學對於啟示並沒有什麼益處，並不能算是另外一項重要的宗教範疇。就如同他在第一本著作中所做的，波多野精一主張問題並不在於證明宗教概念的客觀性，而是要去與眞理本身接觸，亦卽是要與上帝接觸。由於貶視宗教經驗之故，實證論者被認爲並不是充分的經驗論者。康德的批判主義被認爲太過於淺薄，因而迷失在理性的批判中；相反地，宗教的直觀或「否定神學」(negative theology) 在掌握終極實在上是必須的❸。

----

❷　《波多野精一全集》，岩波書店，五卷，1949年，最後三卷收有波多野精一關於宗教哲學的著作。我沒有使用這一版本，但是底下一本要提一下。《宗教哲學の本質及びその根本問題》，岩波書店，1920，就像序言所說的一樣，是一系列暑假演講課程，然後整理成篇的。

　　在西元一九四〇年出版的《宗教哲學序論》中，波多野精一的方法學有較系統性的說明，目的爲的是要澄清他在面對錯誤的理性主義、超自然主義及「巴特—布倫那理論」(Barth-Brunner Theories)時所採取的立場。在批判了實證主義和相對主義後，他考慮到自然的神學（或更正確地講：合理的神學）的理性主義。康德對宗教哲學的不可知論態度的餘波他也有所論列。超自然主義，也就是指對啟示的神學內容做合理性的解釋，是一種與自然主義沒有什麼大不同的宗教研究方法。「爲知而信」(credo ut intelligam)，對波多野精一來說，這是不夠的。從安瑟姆、多瑪斯 (Thomas Aquina) 到當代的巴特 (Barth) 和布倫那 (Brunner) 並沒有什麼改善。多瑪斯經院式的系統化至少是相當理性主義的；因此之故，神學也要求一種理性主義的取向。波多野精一提出一種建立在自我反省 (auto-reflection) 上的宗教經驗，這種自我反省是一種對完全不相同的上帝做一一直於成長中的自我理解 (self-understanding)。他嘗試提出一種宗教經驗的類型學，其中最重要的因素是一種朝向於上帝之生命的經驗。第二步則是「完全的他者」(der ganz Anders)，或上帝的絕對聖善(sanctity)；第三個因素是人格主義者的宗教 (personalist religion)，或人格性的宗教(religion of personality)；而這亦正是意指人格上與活生生的神的接觸，唯只有這種接觸才能將宗教的抽象範疇或類型學帶來生命。

---

❸　波多野精一：《宗教哲學》，岩波書店，1935，頁 1-28，詳細解說波多野精一的系統的文獻參見：浜田與助：《波多野精一宗教哲學》，玉川大學出版部，1949；其中關於「高等實在論」，見頁 33-62；「人格主義」，見頁 63-104；這些問題都是併合著德國哲學家著作一起詳加討論的。較簡約的討論見：片山正直在前引書《宗教と哲學の根本にあるもの波多野精一博士の學業について》中的文章，見該書頁 37-144。

　　對於波多野精一來說，另外還有應該提及的，即實在界經常被做為出發點，此點並且是由體驗（Erlebnis），或說生氣活潑的經驗——也就是經由反省和自我否定而承認世界之虛無，因而轉向完全不同者的上帝——的內容所決定。其方法學最後所考慮的是宗教上藉由生活體驗而形成的人類學層面，簡單地說，這意即人的「內在化」是爲要體驗宗教現象。在其結論一章中，波多野精一討論了路德（Luther）、喀爾文（Calvin）、康德（Kant）以及史萊馬赫（Schleiermacher）；但討論的重點不是他們的神學或哲學觀點，而是他們在宗教本質的意識上所片刻展現的。例如路德的「出於信仰之光」（ex sola fida），波多野精一便以底下的態度來做解釋：路德以一種獨特的方式碰觸到神聖者，對他來說，宗教改革不單只是一種文化現象，根本上實即是一種宗教經驗。

　　當三木清注意到《宗教哲學序論》是建立在狄爾泰（Dilthey）的理論上以與文化現象做一區分時，正確地指出了這一本書的系統性本質，但仍盛讚波多野精一在宗教體驗本質上的原創概念❹。

　　波多野精一關於宗教哲學最後的論述是西元一九四三年出版的《時と永遠》（《時間與永恆》）。在完成此書後，波多野精一除了寫了一篇短文論述三木清以及整理前述的《パウロ》（《保羅》）一書外，他停止了寫作。西元一九四七年他自京都大學退休後，波多野精一即就任玉川大學的校長。他在西元一九五〇年以七十三歲高齡去世。在波多野精一出版了《時と永遠》後停止寫作，他許多學生相信他在這本書上已將宗教哲學中他想說的話已都說盡了。這本絕筆之作致力於探討死亡、不死、永恒、愛以及死後的生命延續等問題。

---

❹　波多野精一：《宗教哲學序論》，岩波書店，1950，頁 56-58；90-94，1-6, 1-25；《三木清全集》，岩波書店，1946-51，卷十五，頁471-76。

　　波多野精一對時間這一人類最根本結構的分析經歷了三個階段。
在第一階段中，我們有含括自然世界的自然時間，這一種時間並不是
一般所衡量連關着過去、現在和未來的關係，而是「經驗上的時暫
性」(experienced temporality)，也就是說，它是人類存在上不常
住和變動諸面的經驗。在此當中，「將來」是過去之虛無與現在之實
有的媒介因素。波多野精一將未來與將來區分開，「未來」指一種仍
未到來的將來，「將來」則為已經出現或已經要出現的將來。後者藉
欲念或希望的活化而超越過去以及現在。然而自然世界只在人努力對
抗於其他者之時才顯現給人，第二類型的時間是文化時間 (cultural
time)，它是由「愛慾」(eros) 或將它者收納到自身來的「愛」所徵
定的。人的沈思能力顯示出自然時間以及文化時間的虛幻性質，文化
時間跟自然時間一樣都是具有易於萎朽的「彷彿無限性」。文化或歷
史的永恒性只不過是一種虛構，在這種虛構中，現在的片刻性本質經
常面對於死亡。死亡的現實性無法藉由佛教否定自己或與他人分別開
來的「解脫」得到解決。永恒必須是愛的社羣(community of love)；
因此波多野精一要來了基督教的愛——即「神性愛」(agape) 來做為
他的第三個時間範疇。這種宗教愛有其獨特的無我性以及對他人的寬
懷，因而並且為真正永恒性的參予。經由神性愛，人體驗到屬神本身
的永恒性之臨在。

　　有時候波多野精一的知識論前提並不獲具有批判心靈的讀者的信
任。在閱讀他恒常以一貫而清楚並極其邏輯性寫作的著作時，人們感
覺到波多野精一真的描繪出了他自己的哲學和他自己的經驗，並且強
烈到深深地坎印入讀者心中。波多野精一的宗教哲學(philosophy of
religion) 實際上是種宗教性的哲學 (religious philosophy)，這套
哲學由於其系統性的本質使得他贏得了在這一研究領域上的獨特地

位❺。

和辻哲郎 (1889–1960) 的倫理學體系

和辻哲郎由於他在倫理學問題上的系統探究，被認爲在當代日本哲學史上占有一席之地。他並且也是一位日本倫理學史史家，寫過很多包括東、西方的思想史及文化史著作。倘若西田幾多郎被看成是一個想以西方範疇來表達東方形而上—論理的（metaphysico-logical）問題，那麼和辻哲郎就可以稱作西田倫理學上的對反人物。根據金子武藏的看法，和辻哲郎比西田幾多郎更有系統，因爲西田幾多郎留給他的學生由他的許多著作中來建構系統的任務。這一系統建構可能由於和辻哲郎的研究領域在事實上只限於倫理學問題，故較易形成。然而他的倫理學是一套有穩當基礎的一般性哲學，以和辻哲郎的說法，即就是人的哲學。和辻哲郎的主要系統論題一再出現於他所有著作中，不管是歷史文化的或是較具系統的都一樣。

和辻哲郎生於兵庫縣姬路，西元一九〇九年考進東京大學哲學科之前，他曾徘徊於選擇嚴肅的哲學抑或英國文學之間。和辻哲郎年青時的本來意願是想追隨拜倫（Byron）的路子。在事實上，和辻哲郎的文學天賦確實也表現在他所有作品中，他的文體使得他在《昭和文學全集》這一套書中占有一席之地。在東京大學期間，他很心儀克伯（Koeber）博士，並寫過回憶文很生動的描述他這位老師。和辻哲郎早期的哲學文學活動可以由他在西元一九一三年研究尼采，西元一九一五年研究齊克果及西元一九一八年研究《偶像再興》來劃定。

---

❺ 波多野精一：《時と永遠》，岩波書店，1945，頁 7-16；27-35；135-37；218-20。

上述最後一本著作同時也是直接反對堆積在現代民主精神上的
「口頭禪」。在這早期時代，和辻哲郎強烈地偏好尼采的「權力意
志」及「菁英」(élite) 精神，以及在古希臘中可見到的自然祭儀的
詩樣再興。他探取了一種摻混着尼采的斯多亞主義的「存在的生命哲
學」(existential Lebensphilosophie) 並以爲在世界中苦痛的問題是
最高層的❻。

他較嚴格著作中的《ホーマー批判》(《荷馬批判》) 也是出
版於西元一九四六年，但寫作時間卻注記爲二〇年代初期。這本著
作是根據歐洲對荷馬的古典學研究及對古希臘文化的批判研究，而其
從事則得有克伯 (Koeber) 的鼓勵，克伯是引導和辻哲郎從事這種工
作的人。另一本討論歐洲文化根源問題的書是《ポリス的人間の倫理
學》(《城邦 (polis) 人的倫理學》，1948)，本書注記的日期同樣是
較早的西元一九三二年，這本書並且顯示出他往後討論倫理問題的興
趣；這種興趣在討論蘇格拉底、柏拉圖及亞里斯多德倫理學的章節中
更是表露無遺。他對西方觀念的歷史意義的發展在文化上的興趣則表
現於《原始キリスト教の文化史的意義》(《原始基督教的文化史意
義》，1926)。這本書對於他在尼采時期爲了宗教文化觀念的發展，
而對一種對基督教重要性較廣義的看法讓步做了表白。基督教徒對和
辻哲郎可能會不滿意，因爲他過分強調希臘主義 (Hellenism) 對基
督教的重要性，並將基督教化約成一個只是在歷史上重要，而不是文
化創造上重要的神話。他對於童貞聖母的文學興趣比歷史興趣更高，

---

❻　關於和辻哲郎的生平及著作年表，見《和辻哲郎集》，《昭和文學全集》，
　　第十五卷，1954，頁 363-68，角川書店；又《理想》雜誌，1961:6 特
　　刊紀念和辻哲郎，見頁 84-87；其他論述和辻哲郎的著作，可參見竹內
　　良知：《昭和思想史》，頁 214-38。

這點在本書末章尤其明顯地表現出來，因爲他依據神話的解釋來敍述童貞女的角色。

　　做爲一位文化史家，和辻哲郎在處理東方歷史上更是駕輕就熟。西元一九二〇年他任教於東洋大學時，出版了《日本古代文化》，這本書探討了日本民族的起源，漢字之引進日本，《古事記》的藝術及日本古代的宗教和道德習俗。這本書強調日本生活習慣如家庭組織，並出以一種態度，認爲自然乃是置人於善惡之外的和諧統合。更直接處理日本精神的著作是兩册分別出版於西元一九二六年及一九三四年的《日本精神史研究》，這兩本書探討了「飛鳥」及「奈良」時代，以及建立日本曹洞宗禪師道元 (1200-1253) 的美學思想及政治思想。

　　對研究日本文化的人來說，較重要的一本無疑地是第二卷，在這一卷中，和辻哲郎嘗試去界定日本精神的本質，而他研究的進路則是將之與接受佛教以及藝術接連起來。在討論日本社會史這一章——這章討論的主題似乎是日本的經濟發展——和辻哲郎在分析日本帝國的發展上，所遵循的是較偏向於宋巴特 (Sombart)，認爲日本是一個特例，而不接受列寧的說法。在末章他處理的是日本語言與哲學之間關係的特性。在分析日文文法及學術用語上，他強調日文未定型、欠缺邏輯結構及與表達情感的字有關的推理之直覺形態的特性。這本書很明顯顯出受有海德格的影響，而其中各篇亦都先於期刊上發表過❼。

　　明白表現他戰後的感覺的著作是出版於西元一九五〇年的《鎖國日本の悲劇》，「鎖國」的本義是指「德川」時代，然而和辻哲郎於

❼　和辻哲郎：《日本古代文化》，（新修訂版：《新興古代文化》，岩波書店，1951）；《日本精神史研究》，岩波書店，1926（修訂本 1940）；《續日本精神史研究》，岩波書店，1934（3-24頁論日本精神；246-383論城市人；受海德格影響的痕跡見頁 385-90）。

此並不是直接用來指這一時代，也不是指戰後被認爲造成此悲劇的德
川幕府將軍之政策對日本歷史所做的影響或特徵。和辻哲郎關心的無
寧是過去西方向遠東（馬可波羅）及西方向美洲（哥倫布）所造成的
擴張傾向。他在這本書中也詳細地討論了基督教首次在日本傳教那一
時代❽。

　　他其他著作的性質則極不相同，大都是討論佛學及日本倫理思
想。關於和辻哲郎這一新興趣的理由可能是因爲他在西元一九二五年
被聘爲京都大學倫理學助教授之故，這一發展是他從不敢夢想爲眞
的。西元一九二七年他被派送到德國留學，研究倫理思想史，他在國
外兩年，並且到過義大利和希臘旅行，也寫了一些引人入勝的遊記。

　　在《原始佛教の實踐哲學》（1927）一書中，和辻哲郎說明他不
是佛學專家，也沒有意願成爲一位專家。然而在這本書中所用的批判
方法及學院知識，則令人覺得鮮明深刻（可能是因爲做爲他的博士論
文之故），甚至到今日像中村元這樣的專家也給予極高的評價。和辻
哲郎把大、小乘佛教當成爲實踐的生活哲學，它不但是東方學者須要
極注意的，並且對一般哲學家來說也應是如此。導論部分詳細討論了
材料的問題。但第二部分則普泛地指出佛教的基本教義。其後一章則
論述關於「法」（dharma）的日常經驗，展現出它與所有實踐的生活
知識有關，以及超越於主體及客體，乃至於所有知識論問題之上。它
構成了一種生活智慧，這種生活智慧根本不會比形式哲學低下的。

　　與歐登堡（Oldenberg）等其他東方學者比起來，和辻哲郎認爲
原始佛教秉承其印度傳統，事實上並不像一般所認爲那般，對形而上
問題採取緘默的態度，它只不過強調的重點是在實踐哲學。另外他

---

❽　和辻哲郎：《鎖國日本の悲劇》，筑摩書房，1950；特別參見他在〈序
　　論〉及討論與早期基督教在文化接觸上所造成的影響之結論。

也處理了「緣起法」以及「道諦」這一引導人實踐地圓滿成佛的道理❾。

　　西元一九五二年兩卷的《日本倫理思想史》出版了。這部書廣泛地以人類行為及習俗的社會意義來界定倫理學。和辻哲郎強調社會生活及公眾的（communitarian）生活，並明顯地表示對個體主義倫理學（individualistic ethics）的偏嫉，說它是中產階級之自我主義（bourgeois egoism）的結果。基於這些前提，他極其嫻熟地描述了從神話時代到明治初期日本道德的展開型態。這套書是由早年研究所構成，但對主題則予以了一個相當有組織的綜合。經過許多年來，這套書仍是當今有關日本倫理思想史最佳的一部通史。家永三郎這位優秀的史家，除了許多專文外，並且也寫了一本博得許多人稱讚的日本倫理思想史，他曾指出和辻哲郎的著作缺少客觀性。然而「客觀性」若是指流行於戰後的社會學取向的編史法，那麼這種批評是可以承認的。然而和辻哲郎的研究如果像古川哲史一樣，將之與井上哲次郎的著作比較，那麼和辻哲郎的作品是相當有成就的，因為井上哲次郎為要強調和提高尊皇及武士道精神，往往蔑視歷史事實❿。

---

❾　和辻哲郎:《原始佛教の實踐哲學》，岩波書店，1927，頁 144-80；又和辻哲郎有關「法」及「空」的看法，見其《人格と人類性》一書，岩波書店，1938，頁 195-220；中村元的評價見《理想》雜誌，1961，頁 44-52。

❿　和辻哲郎:《日本倫理思想史》，岩波書店，1952（二册），在長序中他敍述了他的方法學，見頁 1-27；家永三郎的評論見: Le Japon au XI *Congrès International des Sciences Historiques à Stockholm*，日本學術振興會，1960，頁81；關於古川哲史的看法，見《理想》雜誌，1961，6，頁 20-27。
　　和辻哲郎前一本討論日本倫理學的書是:《尊皇思想とその傳統日本倫理思想史Ⅰ》，岩波書店，1943。

西方哲學對和辻哲郎在研究東方上的影響到什麼樣的程度，可由《風土》一書見出。日文「風土」兩字常常譯爲英文 climate。然而「風土」的原義並不只此，它也指由氣候所造成的自然地理環境及促使該地區居民以某種特殊的反應態度來面對他們的自然環境。日文中與此字相對的字是「氣候」，日文「氣候」一字與英文 climate 完全同義。「風土」指的是一種由氣候所決定的特殊態度；它幾乎是指一種生活方式。

《風土》一書出版於西元一九三五年，寫作的年代則是從西元一九二八年到一九二九年。他寫這本書的誘因是西元一九二七年當他在柏林進修時閱讀了海德格的《存有與時間》一書。如同序言所顯示，海德格有關人的時間性的看法在和辻哲郎的心中留下了極深刻的印象。然而這位德國存在哲學家並沒有充分發展時間性的概念，在人的時間性和歷史性之外，人的自然生活限制必須再加進去。在研究人存在的社會本性，時間、空間及地理環境必須再加以討論，因爲它也是和辻哲郎倫理學的基本問題。如同他在本書的副標題上所表示的，本書想做的是一種關於風土的人類學研究，然而本書雖與人類發展的地理學理論有關，但和辻哲郎的進路仍希望是哲學的。事實上，進入於和辻哲郎的環境中的不只是氣候，並且還有家庭、社羣、及一般的社會。人的個體性是所有這些因素造成的。

本書最具理論的部分是第一章，在這一章中，和辻哲郎指出他採取的立場同於海德格的 "ex-sister" 這種人之存在的結構，或用他自己的術語來說，即是「間柄」，也就是人與外界實在的關係。它不是一種人向外化 (exteriorization) 的問題，因爲對和辻哲郎來說，人是一種完全定立在一向外表現的歷程中的東西。在最後一章，和辻哲郎將他的觀點與歷史上從喜波克拉特斯 (Hippocrates) 以至於波丹

(Bodin)、孟德斯鳩 (Montesquieu)、赫德 (Herder) 和黑格爾的環境理論做一比較，其中最後兩人對他的思想尤有重大影響。同時，地理學家的理論他也有論列；然而很明顯地，和辻哲郎的興趣是在於赫德、黑格爾以及當代哲學家如海德格。但這並不妨礙他在主要的兩章中探討風土的三種類型，也不妨礙他在另一章探討藝術在風土上所表現的面相。在這些考慮當中含有一些革命性的概念。然而很可惜的，和辻哲郎不知道法國 Vidal de la Blanche 學派的最近發展，否則他可以得到一些有關「人文地理學」的有用線索。又嚴肅的著作如費伯爾(L. Febvre)的《歷史的地理導論》(*A Geographical Introduction to History*) 在研究和辻哲郎所做的普遍化時是必須要讀的。

總之，和辻哲郎所認爲的三個主要氣候類型是季風、沙漠及牧原區。印度是典型的季風氣候區，這種氣候造成了一種被動接受的文化形式，這種文化形式也表現在佛教的慈悲教法中。沙漠區則由非洲及回教文化區做代表，它的精神特徵是鬥志旺盛。牧原區或草原區則由西方文化之家鄉的希臘和歐洲做代表，它的精神特徵是理性及征服自然。

季風區，特別是日本，氣候的變化是持續性的，因此造成該地區民族被動及忍抑的特性。多情善感、缺乏一貫性、情緒的突然暴發等都是季風區人民的一般個性。自然的力量使得人多情善感、直覺及偏向藝術的心靈，而較不偏向於科學，在季風區的國家中，個體亦多輕視集體的生活。另外和辻哲郎還對日本人的情感諸如家室觀念，及日文所謂「めずらしさ」（珍奇感）都加以反省了。然而主要的哲學論題是由風土所包藏的人類存在的地域性或空間性**⑪**。

----

⑪　和辻哲郎：《風土——人間學的考察》，〔岩波書店，1939；第二版，1951；頁（第一版）2-33；353-93；16-27；230-57；談論日本的「め

　　和辻哲郎的倫理學體系見於他的五册著作，前兩册是後一套三册
的《倫理學》的序論。和辻哲郎在西元一九三一年爲岩波哲學叢書寫
了一本《倫理學概論》，在西元一九三四年又出版了《人間の學とし
ての倫理學》（《作爲人類學的倫理學》），後三卷主要著作中的第一
本只不過是《人間の學としての倫理學》的擴大與解說罷了。《人間
の學としての倫理學》這本書含有兩部分，第一部分是和辻哲郎的倫
理學基本概念，第二部分則詳述他建立倫理行爲原理的方法學程序。
對和辻哲郎來說，倫理學是研究人本來面目的學問，也就是「人類
學」。「思辨心理學」（speculative psychology）及「人類學」（在
德文用法的意義下）是指抽象的研究人，其所涉及的大抵是關於如靈
魂與肉體、心靈與物質的問題。

　　和辻哲郎所用的關鍵字有如「倫理」、「人間」、「存在」。運
用古典學的推衍、德國的社會倫理學、印度哲學及儒家五倫關係，和
辻哲郎強調其倫理學的社會羣體的性質。「倫理學」中的第一個字
「倫」，和辻哲郎指爲是「仲間」的意思，也就是與他人交相共存的
關係。第二個字「理」意卽是人與人之關係的合理秩序。同樣人所意
指的是「人間」，卽「世の間」，至於「存在」則是「存」於時間且
「在」於空間裏。

　　和辻哲郎的結論是：倫理學本質上是存在於人與人，人與其家
庭、人與社會之間相接觸的「間柄」或關係上。綜地來說，人不僅是
個體或是社會存有，並且也是一種根本上與其所屬的社會世界有關的

　　（續）ずらしさ」，見頁 260-82。在本書出版之際，和辻哲郎這本書出版了
　　英譯本：Watsuji Tetsuro, *A Climate*, transl. by Geoffrey Bow-
　　nas, Tokyo, 1961；同時岩波書店並出版《和辻哲郎全集》，最近則出
　　版《自敍傳の試み》，中央公論社，1961。

存有。海德格的概念在其《風土》一書中已有明顯的影響，現在《倫理學》第一册更顯著地表現了出來。在這本書中，他將人放在一般層面、個體層面及社會層面的基本要素來考察。絕對的和否定的要素，乃至時間和空間的結構也同樣都加以詳細討論分析。

《人間の學としての倫理學》一書並且探討了亞里斯多德、康德、柯亨（Cohen）、黑格爾、費爾巴哈（Feuerbach）及馬克思的倫理學系統。他這麼做爲的是要解說各個不同思想家對於進步所做的貢獻，然而由於這些思想家缺乏「間柄」的概念，因此看不到內在地連結人與人的倫理關係，「間柄」這個概念對和辻哲郎來說，就像「無」、「場」的觀念對西田幾多郎一樣重要。於此我們可以見到和辻哲郎對東方倫理學形態所採取的取向，雖然它亦是借自於海德格的 ⓬。

在《倫理學》第一卷中，東方的傾向益顯明白，在此書中他強調出一個關於道德的消極面來。道德的律則已經由主體的「絕對的否定性」而生成的，個體只有經由自我的否定才能與整個國家接連起來。這種「絕對的否定性」歸結於「空」，藉此以達致「絕對的全體性」，此點與西田幾多郎的「無」的目的並不相同。

這一個主題在另一章特別論述辛謨爾（Simmel）、涂爾幹（Durkheim）等社會學家的文字中又再次地討論了一遍。很清楚地，個體被收納入於社會實體中。人在尋求絕對的空時必須先解消他自己，這並不是因爲理性植基於如涂爾幹所謂的「外在的擠壓」（external constriction）等觀念上（也就是一種作爲個體限制的理性）；而毋寧是因爲人與社會內在地便具有的根本空無，至於由各個個體所構成的

⓬　和辻哲郎：《人間學のとしての倫理學》，岩波書店，1934，頁 2-4；29-32；45-46；187-97。

社會，它只不過是自我否定的個元朝向屬於社會全體性的大空無的一
種辯證發展⑬。

　　很清楚地，西田幾多郎的影響及佛教思想可以在這些探討中追索
出來。其東方的思想背景亦顯然表現在他強調「信賴」、「眞實」、
以至於「天眞な眞心」（天地之眞心）的無我私的愛中，惡乃是依對
「信賴」的蓄意叛離而存在。

　　和辻哲郎的《倫理學》第二卷主要是處理「家」的倫理學問題，
以及處理地理上和文化上社羣與其倫理──經濟上的習俗。國家亦同
樣加以詳細研究。第三卷處理的則是人的歷史層面，同時並再次探討
了風土的觀念。

　　關於和辻哲郎我們可以稱之爲「社會關係主義」（social relat-
ionism）的政治應用，在第二卷討論國家理念一段尤具重要性。這一
種極接近於集體主義的國家倫理學想法，他在戰後的修訂版中加以更
動了⑭。

　　現在仍還沒有有關和辻哲郎的研究專著。然而《理想》雜誌出有
一期特刊，收了一些他生前學生及友人的文章。主要的一篇是金子武
藏所寫的，他詳細地考察了西方哲學家對和辻哲郎的各種影響，例如
文德爾班（Windelband）的價值論及狄爾泰（Dilthey）有關研究文化
現象的「詮釋」（Auslegung）方法。然而激發和辻哲郎重要觀念的人
是胡塞爾（Husserl）和海德格。「環境─共境」（Umwelt-Mitwelt）
的概念在了解和辻哲郎的「間柄」以至於「風土」等概念具有非常的

---

⑬　和辻哲郎：《倫理學》，卷一，岩波書店，1937，頁 1–35 中處理基本
　　概念；頁 35–67 談方法學問題；「絕對的否定性」特別見頁 193–95。

⑭　和辻哲郎：《倫理學》，卷二，岩波書店，1942，頁 475 以下；此段必
　　須與戰後版（1949）做比較，有一些部分他改變了他的國家觀。

重要性。古川哲史在一篇簡論日本倫理學潮流的研究中強調了和辻哲郎的系統的重要，認為它與井上哲次郎和中島力造的倫理學理論比較起來，可以說是代表着一種進步。事實上和辻哲郎的思想不能與他一生同時所盛行的極端國家主義之倫理運動混淆❶。

　　然而他所過分強調的國家觀念，以及他在戰後改訂他的書仍一直暴露出一個疑問。尤其是，和辻哲郎的「社會關係主義」及倫理學主要是建基在深受「風土」影響的人類存在上。這一概念缺乏可以超越社會之各社會面的內在性和價值架構。變遷中的社會關係並無法穩固地做為有效的倫理學原理的基礎，而這又是和辻哲郎所想做的。他似乎想把原始人將妻子送給客人的習俗辯解為一種公眾性精神的象徵。和辻哲郎這位寫過討論「面具與 Persona」及其他討論「人格主義」等有趣的文章的人，卻從不曾完全承認個體的權利及義務所具的優先性。

　　然即使有這些限制，但和辻哲郎的成就仍不應被低估，而他思想上的系統性更使他在日本近代哲學家中贏得了一個突出的地位❶。

田邊元 (1885-1962) 的「種的邏輯」

　　田邊元於西元一八八五年生於東京。他在東京大學讀的是自然科學，這點解釋了他早期並一直保持著對科學哲學及數學哲學的興趣。然而在西元一九〇八年快畢業時，他轉到了哲學系。西元一九一三年

---

❶ 金子武藏的文章見於《理想》，1961, 6，頁 1-19；關於和辻哲郎的世界觀，見《倫理學》，第三卷，岩波書店，1949，頁 48-91；又參見古川哲史編：《倫理學》，角川書店，1953, 1959，頁 207-230。

❶ 和辻哲郎：《人格と人類性》，岩波書店，1938，頁 181-87 中有一段簡要說明「倫理關係」的意義的文字，這本書的主要部分是研究康德的「人格性」及「人類性」概念。

他到仙臺的東北大學當講師，於自然科學科講授哲學。他的第一本著作《最近的自然科學》出版於西元一九一五年，西元一九一八年又出版了《科學概論》一書；之前（西元一九一六年）他翻譯了潘加累（Poincaré）的 *La valeur de la science*（《科學的價值》）成日文。

　　西元一九一八年田邊元受聘到京都大學，在京都大學他成了西田幾多郎最著名的繼承人，並形成了所謂「京都派」。西元一九二二年到一九二四年，他出國到柏林、來比錫(Leipzig)、福萊堡(Freiburg，當時胡塞爾正任教於此)等大學進修。當他返回日本後，出版了《カントの目的論》（《康德的目的論》）一書以紀念康德二百年的冥誕。西元一九二五年他出版了《數理哲學研究》，田邊元雖然至西元一九五一年仍還寫作有關科學哲學及數學哲學這方面的文章，但西元一九二五年似乎可以看作是他研究一方面問題的最高潮階段，他對於這方面研究的影響至今仍還很明顯。

　　於此我們似乎可以順便提一下石原純（1881-1947），他是一位物理學家，並且也在田邊元初任教那間大學（東北大學）研究有關科學哲學的問題。雖然石原純不久因感情問題離開教職，但他對相對論、量子理論及科學哲學的研究，使他成了這一領域的急先鋒。船山信一將石原純列為日本的「觀念論者」哲學家。從某一方面說，他確實是一位觀念論者，因為他把自然看成是全能者(Almighty)的奧秘作品。在做為一個文化批評者來說，石原純緊隨着文德爾班（Windelband）及黎卡特（Rickert）的教法⑰。

⑰　石原純：《現代の自然科學》，岩波書店，1924；《科學と社會文化》，岩波書店，1941；《自然科學的世界像》，評論社，1949。評述石原純的文獻，參見船山信一：《日本の觀念論者》，ミネルバ書院，頁275-83；又見 Tsuchida K.; *Contemporary Thought of Japan and China*, London, 1927, p. 174.

　　田邊元是根據馬堡學派的新康德主義者柯亨（Cohen）所發現的
原理來發展他的數學哲學。這一點他在其極有分量的著作《數理哲學
研究》的序言中有詳細的說明。這本書同他早先研究科學哲學的著作
一樣，都證明了他的思想是依藉於西田幾多郎的體系。如同土田杏村
所強調的，當田邊元寫《最近的自然科學》及《科學概論》時，他對
西方哲學的了解是得自於西田幾多郎所教授的。很明顯地，這位年青
學生所想發展的是其老師所述及的科學哲學。就像西田幾多郎一樣，
田邊元在其哲學進展的這一階段所企圖的也是建立一套新的形而上
學；也就是說，藉着胡塞爾的現象學之助，爲價值的實現創建一個新
基礎。土田杏村把《科學概論》的結論看成爲西田幾多郎《自覺にお
ける直觀と反省》的節本。田邊元的「直觀」爲康德的知識論提供了
一個實在論的基礎。在《最近的自然科學》，其傾向亦是相同；也就
是說，價值必須要有一個經由直觀取得的實在論基礎。然而，胡塞爾
的現象學還更廣泛地被使用。先驗的價值其本質被認爲是永恒且不可
變的。道德及宗教價值同樣也不是歷史所能決定的，其直接的關鍵是
「叡智的美」（intelligible beauty）。

　　田邊元以他在科學哲學領域中最重要的一本著作《數理哲學研
究》取得博士學位。這本書分爲兩個部分，第一部分討論「數」的哲
學基礎；第二部分處理幾何學的問題，田邊元討論到許多位數學家和
哲學家，特別是康德。在這本書中他表現出他在這一方面深入而廣博
的知識。然後他分析自然數的邏輯結構。藉着假定數可以邏輯地被直
觀到做爲出發點，田邊元認爲在有一「某物」（ein etwas）的數的邏
輯——數理概念之基礎上需要有一個被應用於基本直觀的具體物。邏
輯是抽象的，而它的統一性也是潛在的，因此只有在它被用於具體物
時，我們才有數學。因而，從邏輯過渡到數學，我們有的只不過是一

種關於潛含於原始直觀中的解說罷了。邏輯與數學之間的接着點即是
對具體事物的繁複性之基礎做統一性的直觀把握⓲。

　　西元一九二七年，田邊元開始從胡塞爾的現象學及海德格的存在
主義轉到黑格爾的辯證法。西元一九三二年，田邊元出版了一本論黑
格爾辯證法的書；西元一九三三年田邊元關於絕對辯證法的構想首次
出現於他的《哲學通論》這本書中。雖然這本書題名爲《哲學通論》，
但它並不單只是在解釋一般性的哲學問題，事實上它根本就是本對哲
學思考極富原創性的引導。田邊元自己的辯證法在本書末章開展了出
來，其間他並批判了黑格爾對存有與觀念的類同化，以及批評了馬克
思的辯證法，馬克思之受到攻擊是因爲他「倒轉」（inversion）了辯
證法，因此同黑格爾的辯證法一樣破壞了存在於物質與觀念之間的內
在矛盾⓳。

　　田邊元作爲一位原創性思想家的聲望是建立在他的「種の論理」
（種的邏輯）上，他這一概念是要用來與西田幾多郎的「場の論理」
對抗的。早在西元一九三〇年，田邊元就表現出他的思想路線與其老
師不相同。關於「種」的概念，他在兩篇文章中有詳細的說明，這兩
篇文章其中一篇是西元一九三四年的〈社會存在の論理〉（〈社會存
在的邏輯〉），另一篇是發表於京都大學所出版的《哲學研究》上的
〈種の論理〉。

⓲　田邊元關於科學哲學、科學方法論及數學的著作有：《最近の自然科學》，
　　岩波書店，1915；《科學概論》，岩波書店，1918；《數理哲學研究》，
　　岩波書店，1925；論述田邊元思想的書有 Tsuchida: *Contemporary
　　Thought of Japan and China*, pp. 93-96；《田邊哲學》，弘文堂編輯
　　部，1951，頁 107-23。

⓳　田邊元：《ヘーゲル哲學と辯證法》，岩波書店，1932，頁 1-13；《哲
　　學通論》，岩波書店，1933，頁 8-15；42-48；170-236。

　　田邊元之反對西田幾多郎，主要是因為西田幾多郎的思想太過於強調「思辨的」性質，說得更具體些（雖是否定的），田邊元認為西田幾多郎思想的「社會關懷」不夠。根據田邊元的看法，就哲學上來說，西田幾多郎無法實現「種的邏輯」的範疇的重要性，因此在他的歷史概念中，西田幾多郎必然缺乏一種基本的要素。就像邏輯一樣，我們需要類（genus）、種（species）及個體；同樣在歷史哲學中也有「人類」（一種同於類的共相）、及由國家所決定的「種」和個別的歷史存有。西田幾多郎強調「個體」與「類」之間的交互作用，卻忽視扮演媒介角色，且在邏輯上和歷史上居於最高地位的「種」。斟酌共相及個體的卽就是某一物的獨特面，西田幾多郎以及所有那些順着形式邏輯走下來的人，似乎都輕忽了種所扮演的角色，不是使得種幾乎在共相中失去，便就是將它化約成個體。在田邊元的邏輯體系中，這種情況集中到兩個術語上，並且也獲得到適當的景觀。

　　田邊元早期關於「種的邏輯」的構想，其中所含的政治運用在戰後遭到左翼人士及自由主義思想家的批判。田邊元本人在西元一九四七年所出版《種の論理の辯證法》（《種的邏輯的辯證法》）的序言中承認他的觀念不夠清楚，所以易招致誤解，因此他提出「絕對辯證法」做為正確的成素。他同早年一樣仍力圖為國家社會的概念提供一個具體的基礎，因為他認為國家社會的概念受到了自由主義及極權主義這兩種激進態度所扭曲。因此，為要克服絕對主義，「絕對無」或「絕對辯證法」的概念，應該將之樹立起來做為出發點。

　　在自我批判中，田邊元說他以前的邏輯太過於立脚在同一性原理上。就像黑格爾無法完全擺脫這條原理一樣，國家變成了絕對，並奪走了個體的自由。一個國家做為一個種，即使在今日仍是一個必要的概念，然而它應被看成是對反於個體及全體人類的，因為它有其特殊

的目的，因此，種這兩層對反於個體及全體人類的情況，應當藉着絕對無的加進而辯證地加以克服，因爲它不但對抗着個體，並且也對種作用。在《種の論理の辯證法》中，田邊元對黑格爾、普羅丁、西田幾多郎及亞里斯多德的辯證法做了長篇的分析。田邊元的辯證法極接近於普羅丁的，因而他的辯證法充滿着絕對無及基督之愛（christian love），使得他對基督教的存在主義強烈地感到興趣。同樣值得注意地，田邊元藉着「媒介結合の原理」而用（或濫用）辯證法將個體與整體同一化（全體卽個體）[20]。

　　爲了解戰後田邊元的「種的邏輯」，我們必須回到《懺悔道としての哲學》（《作爲懺悔的哲學》）這本書，此書出版於西元一九四六年，但寫作時間則在戰爭最後一年，更正確地說是西元一九四四年夏天，當時田邊元的哲學思想發生了一次變動。那個時候大部分日本人仍沒有預見到國家將羞辱的面臨失敗，然而田邊元卻似乎以戰前對國家主義潮流予以讓步之知識分子的名義做了懺悔之舉。「作爲懺悔的哲學」描述了要一一對以前各種態度加以清算的失敗主義意識型態的氣氛，同時它也嘗試要去保住未來世代所必需的諸種事物。於此我們對田邊元之宣稱「沒有哲學的哲學」無須感到驚訝，於此他的意思是指在支持一個立基於懺悔而且擁有一先驗遠景的態度時，舊的立場必須將之丟棄。爲了新的生活方式能順利出現，舊的哲學必須要死去。關於他自己的「種的邏輯」，他指出「作爲懺悔的哲學」中已有敍述了，更簡單地說，田邊元在他以前所提出的「種的邏輯」中看不出黑格爾的國家觀念中會有惡的可能性；然而國家這樣的實體對黑格

---

[20]　田邊元：《種の論理の辯證法》，秋田縣，1946，頁 2–5；143–58；以馬克思主義來批評田邊元的，見林直道：《西田哲學批判》，前引，頁 229–77；竹內良知：《昭和思想史》，前引，頁 140–82。

爾來說，雖然是這麼道德，但仍必須要通過「絕對的否定」；倘若不如此的話，那麼絕對主義就要躍現出來。

田邊元的「絕對的否定」意卽是「絕對的批判」；首先是要對自我做批判，同樣也要對哲學家如康德、黑格爾、尼采等做批判。這本書極富宗教的意蘊，特別是有一些論題，同樣亦爲西方中古密契主義者艾哈特（Eckhart）及日本佛教中眞宗祖師親鸞所特別考察過，另外也有一些論題與日本淨土宗所據以出發考慮的問題相同。

「懺悔」、「絕對的批判」、「無」、「對存於人之外的一種絕對的完全依賴」等概念是田邊元哲學的基石。由此他進一步主張日本社會乃至於全世界應當藉這些字眼重新把定其立場。田邊元的宗教觀是一種新社會哲學的基礎[21]。

在西元一九四八年出版的《キリスト教の辯證》（《基督教的辯證》）一書中，田邊元在長篇的自傳前序中說明了他對基督教的興趣始自於他在「第一高等學校」上高中時。在大學時，很可以了解地，他是受到克伯（Koeber）的影響，克伯建議他讀聖芳濟的《小花集》（*St. Francis's Fioretti*）。波多野精一的《キリスト教の起源》（《基督教的起源》）似乎也給了年青的田邊元深刻的印象。然而，做爲一個學科學的學生，他早期所持的相對主義及實證主義傾向，以及他後來的主智主義，並沒有使得他更去接近基督教。然無論如何，更進一步的研究使他相信，爲要了解西方哲學，基督教是必須研究的。尤其在戰後，他開始承認基督教對社會的作用。他雖然仔細地考慮了佛教，但他仍從基督教及馬克思主義中探取了相當部分有關社會重建的理論。在前述那一本書中，他加上了一篇討論基督教、馬克思主義及

---

[21] 田邊元：《懺悔道としての哲學》，岩波書店，1946，請特別參閱〈序〉及第一章和第八章。

日本佛教的文章做爲附錄。在這篇文章中，他嘗試以調解的精神將基
督教變得更佛教化，將馬克思主義變得更基督教化些。這一努力在他
的書中隨處可見，他在書中把新教神學中有關做爲救世者的基督與教
主的基督的對立點當做研究主題之一，並依他自己的辯證法希望經由
超越聖保羅（St. Paul）的神學，而直返於福音中的基督來克服內在
於這兩個觀念中的對立。由此出現了許多有趣的觀念，其書並處處顯
示出巴特（Barth）式的神學；同樣本書中還有許多奇怪的辯證舉例，
如基督的復活。這本龐大著作的要點，田邊元將之節要於序言中，他
指出：他雖然不能說「我相信，主啊！幫助我相信吧！」但他認同基
督教義所擔負的巨大使命。他在其理論中將新教和天主教（對於天主
教遍及世界的信徒，他感到印象深刻）勾畫成人類在社會中的救贖。
我們必須承認，一種變遷決不純只是社會性質的變遷，它並且也是一
種宗教性質的變遷。然而在完成此一任務之先，必須要先具備一些條
件，因此基督教必須處理干礙其發展的神話成分。田邊元宣稱，基督
教必須從人格主義的神的概念，經由「絕對媒介的自己否定」而過越
到亦即是「愛」、是「運作中的愛」和屬於信仰的愛的「無」中去，
然後可以與佛教和致❷。

　　田邊元這階段的思想也表現在《實存と愛と實踐》（1947）一書
中。這本書處理的問題與前一本《キリスト教の辯證》所處理的是同
樣的問題，不過這本書著重於基督教的存在主義。馬克思主義及存在
主義是戰後起初幾年的主要論題，田邊元偏向於齊克果式的宗教的存
在主義。他將其「絕對的辯證」及「全體調解」（total mediation）
拿來做爲處理最困難綜合的問題的指針。他在文中並經常強調要以混

---

❷　田邊元：《キリスト教の辯證》，筑摩書房，1948，頁 1-24, 14-16。

合着基督教「憐愛」（charity）和佛教「無」而成的宗教愛來從事的社會─宗教改革做爲結束。

田邊元的社會─政治傾向極明確地表達在其《政治哲學の急務》（1946）一書中， 這本書是由一些散見於雜誌上的文章稍做增減及修訂而在西元一九四七年出版成書。他的政治哲學傾向於社會民主。田邊元的社會思想充滿着像「絕對無」及「絕對的辯證」這些範疇，所以馬克思主義者及社會主義者不難確認田邊元對社會重建的興趣帶有很重的烏托邦的唯心看法❷ 。

田邊元哲學較有系統的典型陳述見於他一套冠以《哲學入門》的書中，這套書出版於西元一九四九年到一九五二年之間。《哲學入門》這本書是根據爲一羣教師所辦講習會所做的系列演講而寫成的。根據第一册的副標題，其所處理的是一些哲學的基本問題，而其中的首務則是要建立哲學本身的概念。田邊元並不滿意於形式上的定義，他把文德爾班（Windelband）的《哲學概論》拿來當做準據，然後在歷史的演進架構中挑出一些哲學問題。他認爲這種進行方式最適於針對哲學的基本問題。爲了講授之故，在強調分析方法的必要的同時，他寫道：只有經由辯證的取向來對問題做全面綜觀，如此才能分辨出每一問題間的內在關係與對立點。矛盾律在形式邏輯中無法被否認，但要求思考自我參予的眞正哲學，則必須要用一種較高級的邏輯或全體的辯證法來從事。

對田邊元來說，這種取向首先必須插入「無」，於此「無」的解釋是否定的否定。這一概念是經由矛盾來進展的辯證法思考歷程上所必需。其次， 由於「である」及「がある」這種與所有實在有關的

---

❷ 田邊元：《實存と愛と實踐》，筑摩書房，1947，頁 1-9；《政治哲學の急務》，筑摩書房，1946；1947，頁 58-73。

「本質」及「存在」之二元性，需要無及否定的歷程。田邊元思想中
其他重要論點見於他對歷史的辯證及科學哲學中無的自我意識的討論
上。關於科學哲學之所以要「否定的辯證」成素乃是因爲運動具有兩
重性質之故；而歷史之所以需要無，則是要將時間投置到未來。很明
顯地，馬克思主義若不對資本主義及每一個被認爲一直在進展到新階
段和新形式、而從不做爲終極條件來達到的社會系統的否定面做澈底
的了解，它是無法被討論的。

　　歷史哲學放在《哲學入門》第二册中討論，本册討論的主題爲黑
格爾及藍克 (Ranke) 的思想，歷史唯物論等也討論了。政治哲學也
在本書探討了；而其他一本則處理科學、哲學、知識論、宗教哲學及
倫理學，然而這幾本書中事實上並沒有提出新的觀念❷。

　　對於田邊元思想做一個全面的評價，這是件難事。在某種意義
上，他的「種的邏輯」似乎是相當一致；另一方面，其邏輯的內容在
各個發展階段中都有相當大的變化。在戰前一篇評析田邊元立場的文
章中，Taketi 曾指出田邊元與西田幾多郎有三點不同：田邊元拒斥
太過於形而上的和神秘的傾向、他明確畫分哲學與宗教的角色，並且
主張必須插添國家作爲媒介「場的邏輯」的要素。然而在戰後階段，
田邊元的「懺悔哲學」及對「無」的解釋，與西田幾多郎的努力並沒
有很大的不同。關於社會─政治的基礎；田邊元以他強烈「參予」主
張著名，但正因這一主張使得他遭受年青一輩激烈的批評。田邊元比
西田幾多郎更深陷入宗教哲學及神秘主義中去。無疑地，他是西田幾
多郎以後最有智慧的思想家，接着西田幾多郎，他是第二個榮獲日本

---

❷　田邊元：《哲學入門──哲學の根本問題》，筑摩書房，1949，頁 53-
　　61, 115-52；其他各册爲：歷史哲學──政治哲學；科學哲學──認識
　　論；宗教哲學──倫理學。

最高文化獎的哲學家。

　　直到更多田邊元的著作被譯成西方文字以後，西方讀者也許可以藉着其著作獲得一些有關他宗教傾向的想法。現在由於 V. H. Viglielmo 的努力， Memento mori（〈死的象徵〉）一文已有很好的英譯可用了。這篇文章很像是一篇辯證神學，它收集了一些田邊元戰後的作品，其實它更像是一部「禪公案」，其中尤其強調死亡哲學在原子彈時代——也就是一個全部人類毀滅已變成如死亡之舞一樣可能的時代——的必要性。田邊元強調生死的問題，主張「生死一如」。這種佛教「生死一如」的觀念——在基督教「復活」背後亦隱含有——是最高的。另外像「作爲愛的絕對無」這種說法亦一再出現。換句話說，基督教的上帝的概念太過於建立在上帝存在上，因而基督教過於爲一種「生」的哲學。相似於存在主義取向的禪佛教則強調「死」的哲學，更好是大乘佛學的中心觀念「空」（即絕對無）若能浸潤以「愛」，那麼就能做爲這一「死亡世紀」的拯救之道了。但如何連結佛教的絕對否定和基督教的愛，以及這種死亡的哲學如何能夠籲求恢復國際和平，則是很有問題的。但無論如何，田邊元邀請讀者去思考這些問題，它對一些具有同樣氣味的人卻是能引起一些共鳴的❷。

---

❷ Taketi, T.; Japanische Philosophie der Gegenwart, 刊於: *Blätter für Deutsche Philosophie*, 1940 (Heft 3), pp. 277–299; 《田邊哲學》，前引，頁 69–78, 162–200; 高坂正顯：《西田哲學と田邊哲學》，前引，頁 77–89。關於 V. H. Viglielmo 所譯 "Memento mori" 一文見於: *Philosophical Studies of Japan*, Compiled by the Japanese National Commission for Unesco, Vol. I., 1959, pp. 1–12.

第六章 文化主義及黑格爾主義、馬克思主義及 1926 年到 1945 年的「世界哲學」

文化主義及黑格爾主義

現在要考察的階段，它一方面建立了學院的哲學，此亦即是早先在大正時期播下的思想種子所結的果實；另方面，從昭和初年（西元一九二六年）到戰爭結束這段時間，日本思想缺乏學術性，因爲思想家都牽扯入當時整個日本所流行的思想中去。通常所稱的「大正民主」，大略是自第一次世界大戰一直延續到西元一九二六年，這段時間是日本的自由時代，人們可以自由地宣揚、討論民主思想。這時候亦是文化批判及文化哲學達到成熟的階段，特別是在西元一九二〇年代，所謂「文化主義」更是占居魁首。

土田杏村 (1891-1934) 是這一潮流的代表人物。他對於以哲學來批判文明的興趣，很明顯地表現在我們曾已提過他的一本論日本文化的書中，該書有三章是在談這個問題。本書第三章中，我所提過的一些思想家，如高山林次郎、田中王堂、阿部次郎等人，也都是從外國或報導評論的觀點來探討文化及社會的問題，這一潮流有時稱爲「在

野」或「非官方」哲學，以別於我們在本書中所曾強調過的學院式思考型態。然而土田杏村提出用以支持這種「非官方」哲學及社會批判的理由，我們應略加敘述一下，因為他並不只對日本文化史重要，並且在瞭解一些學院思想家的承擔上也很重要。

土田杏村很生動地描繪了許多學院哲學家其所做批判的空洞無物。根據他的看法，學院哲學家太過於形式化，也不想去解決社會所面對的問題。土田杏村本人也是一位優秀的哲學家，他希望這種批判要建立在嚴格的知識論上，然而哲學家則必須一直的「投身」（engage，用現在的話講）和討論實際的問題。土田杏村的著作，如《文化主義原論》或討論日本文學、社會哲學的著作，都可引用做為知識批判的好例子。土田杏村是在京都大學接受良好的哲學訓練，根據與他很稔熟的務台理作的說法，他是非常有天份的人。他雖然以四十二歲英年早逝，但他的著作共有十五冊之多。他為許多雜誌寫文章，並擔任《文化》雜誌主編；他的著作很有系統，並不是由一些沒有關係的文章雜湊在一起。現今由於他與我們底下準備介紹的河上肇的辯論，因而格外地讓我們記得他。他關於文化主義的看法，於他所著 *Contemporary Thought of Japan and China*（《當代日本及中國思想》）一書中有扼要的說明。倘若他的思想是因它們表現出崇高的理想而吸引人的話，事實上它們也是雜揉了一種他自名其道德的觀念主義的所謂「人格的無政府狀態」（personal anarchy）的辯證法。於此可能有人會對其尋求穩固的認識論前提感到驚訝。無論如何，土田杏村贊成的是做為一種理想，而不斷地去追求和實現它的文化和社會。因此他不是與馬克思一樣的幻想家，因為他不設定任何有限的社會結構。呂特（P. Lüth）曾將土田杏村的文化觀點與霍慈阿佩佛（Rudolf M. Holzapfel）的「泛理想」（Panideal）做比較❶。

土田杏村所提及的社會文化批評家中，長谷川萬次郎（1875-），他雖曾短期任過教職，但主要是以筆名「如是閑」在報界和寫作界聞名。於此我們需要提及他，乃是因為他與唯物主義研究社，以及他對社會—政治機構的批評有關。他是英國派的自由主義者。室伏高信（1892-）亦主要是以報人及作家身分著名，因此我們於此無須討論他的思想❷。

　　谷川徹三（1895-）接受過哲學訓練，他的專長特別是在美學上，因此他從事於開發文藝批評的哲學基礎。他屬於廣義的京都學派，因為他是此間大學西元一九二二年的畢業生。他發展出了日本型態的「生命哲學」（Lebensphilosophie），他在就任東京法政大學教授後，便開始專心於歌德（Goethe）的思想研究。然由於其許多著作的大部分讀者都是圈外人，因此他基本上是被看成報章的思想家。他較具哲學性的著作見於本章註三中❸，至於他較屬報章性的著作，事實上也是具有相當份量的，他在美術方面的才幹，使得他在西元一九四八年被任命為日本國立博物院的副院長。

---

❶　土田杏村：《文化主義原論》，內外出版社，京都，1921；《社會哲學原論》，內外出版社，京都，1925；《土田杏村全集》，共十五冊，第一書房，1935-1936；其中第四冊是常被引用的《當代日本及中國思想》，頁 183-89 為他的文化觀點。又參見 Lüth, P.; *Die japanische Philosophie*, 1944, pp. 91-92.

❷　關於長谷川萬次郎（如是閑）及室伏高信，參見 Tsuchida, K., *Contemporary Thought of Japan and China*, pp. 166-72. 他們兩人的生平參見：Bonneau, Georges；*Bibliographie de la littérature Japonaise contemporaine*, Tokyo, 1938.

❸　谷川徹三較具哲學性的著作為：《感傷と反省》，岩波書店，1925；《內部と外部》，小山書店，1933；《思想遠近》，小山書店；《生活、哲學、藝術》，岩波書店，1930；關於評述谷川徹三的資料見：田間義一：《現代哲學者論》，育英書院，1943，頁 120-131。

　　較爲重要的優秀哲學家兼日本著名的文化人格主義者是安倍能成 (1893-) 及天野貞祐 (1894-)。他們兩人都被看成是與阿部次郎同屬一系的，他們都是藉着著作及教學影響了好幾代的日本學生。然而他們之間也有很大的差別，安倍能成及天野貞祐比阿部次郎遲才在學生界出名。他們兩人雖然都花費大部分的時間去寫作通俗性的著作，但他們的第一本著作卻都是研究康德哲學。安倍能成畢業於東京大學，天野貞祐則是畢業於京都大學，但他們兩人完全不屬於京都派。他們兩人同樣都在學術上研究康德（安倍能成也研究史賓諾莎），兩人都是好作家，並且兩人都在戰後的內閣中任過文部省大臣：安倍能成是在戰後第一次幣原內閣就任此職。天野貞祐則是在西元一九五〇年代吉田內閣中擔任此職。有一點細節需要提一下，也就是他們兩人都不參予戰前時代的國家主義潮流。事實上，天野貞祐爲了戰後日本道德的混亂提出了一套道德，左翼人士卻批評它說是太過於康德，不適合於他們自己的社會道德，他因而辭去內閣中的職位。不過卻也因着他的聲望才能推動一些顯然會招致「進步思想家」批評的事。天野貞祐是日本戰後少數幾位無懼於極具強大勢力的左派報紙詆譭的人之一。

　　安倍能成及天野貞祐都沒有自己獨創的哲學體系。然而在天野貞祐的著作中，我們必須挑出《道理の感覺》（《理性的意義》，1937）及其續論《道理への意志》（《理性的意志》，1939），因爲這兩本書明顯地與軍國主義者所散佈的非理性思想潮流相頡抗。但當時這兩本書遭受到了國家主義及軍國主義者的尖銳批評，雖然今天的讀者看來，它們根本是無傷的。這兩本書不全是有系統的著作，而是由多篇在不同時間爲報章所撰寫的文章集成的文集。其內容涉及諸如他在海德堡 (Heidelberg) 時的回憶，稱許內村鑑三，關於貧窮的問題，以及生命的意義等不同題材。於此很難看出其相關連的觀念，不過生命

的道德意義則一直是這兩書的關鍵概念。天野貞祐曾告訴學生，不管東方或西方，道德必須要建立在「理性」之上，並且義務感和責任感絕不能建立在自然之上，而是要建立在哲學，甚至可以說是建立在形而上的原理上。在他處理「道理」（即「理性」）一章中，他順著謝勒（Max Scheler）對價值等級的區分，然而他整個講稿的要點則是做為個體的人，他應該去實現這一價值世界。第二本書中除了許多其他題目外，也處理了東西方的學術，天野貞祐雖然承認既存的所有差別，但他則希望能有一種更合一、更普遍的哲學出現。

由於安倍能成及天野貞祐兩人在哲學上都是康德的信徒，因此他們在當時現象學或黑格爾主義廣泛流行的時代中並不很合時宜。這點也說明了他們對哲學的時代潮流的不應和態度❹。於此我們也許可以再加入第三位特立獨羣的思想家，他是接替東京帝國大學桑木嚴翼以及標準的《哲學辭典》主編的伊藤吉之助（1885-1961），伊藤吉之助無疑是受了康德的影響，然而他批判的精神卻使得他從來無法擺脫以康德來思考（go beyond *mitdlenken* Kant），也使得他一直無法完成

❹ 安倍能成的主要著作為：《カントの實踐哲學》，岩波書店，1924；《インマヌエル・カント道德哲學原論》，岩波書店，1926；《宗教哲學》，岩波書店；《スピノザ倫理學》（《大思想文庫》第十冊），岩波書店，1935-36；《實踐理性批判解說》，收於《カント研究》，原林社，1936；《思想と文化》，公用社，1925；《思想と文化》，岩波書店，1941，（其中頁 109-258 論述明治時代思想）。
天野貞祐的著作為：《道理の感覺》，岩波書店，1937，頁 264-88；《道理への意志》，岩波書店，1939，頁 37-47；《人格と自由》，岩波書店（岩波講座），1931-33；《カント純粹理性批判》（《大思想文庫》第十七冊），岩波書店，1935；《今日に生きる倫理》，金目書房，1950；《日日の倫理わたしの人生案內》（《日用倫理學——我的人生指導》），講談社。關於安倍能成及天野貞祐，見田間義一：《現代哲學者論》，育英書院，頁 67-87。

他的博士論文❺。

　　高橋里美（1886-1962）是一位原創性的哲學家，並且也是一位現象學及黑格爾辯證法的詮釋者，我們在本書前文曾以西田幾多郎批評者的身份提過他。他同安倍能成和天野貞祐一樣，從不允許他的學術標準向當時阻礙獨立思考的國家主義或哲學流派妥協。高橋里美於西元一九一九年畢業於東京大學，他多年任教於仙臺的東北大學，西元一九四九年並出任為校長。在一篇自傳性的文章中，他說明了他成為哲學家的理由乃是出於他覺得應該為道德的崇高性找尋一個理性的基礎。他本人就是一位極強烈的道德主義者，雖然他的哲學著作都是論述胡塞爾的現象學、黑格爾的辯證法以及其自己的辯證法。他還翻譯了柏格森（Bergson）的《物質與記憶》（*Matière et mémoire*）。

　　他的一位學生渡邊義雄在回憶高橋里美對西田幾多郎和田邊元的批評態度時說：他的德行比起他的道德理論更崇高。關於道德理論他寫得很少。在戰前十年間，一切事物都要推歸為「日本的」，哲學也不例外。於此渡邊義雄回憶說：高橋里美不贊成這種想法，並且毫無畏懼地告訴他的學生說：倘若誰不願意聽到真理，可以離開講堂。在西元一九四七年出版的《哲學の本質》中，高橋里美指出他的立場從來沒有改變，亦即哲學是要尋求純粹的理論。但這種理論不是抽象的唯智主義，而是立基在永恆原理上的堅實的理性主義。他的現象學見諸於他較後的著作中，表達得最清楚的是他在西元一九三二年出版的《全體の立場》（《整體觀論》）。西元一九三六年出版的《體驗と存在》一書，則較接近於黑格爾，而不是胡塞爾，至於他的理性傾向則可以從他在西元一九一七年翻譯義大利哲學家阿里歐塔（Aliotta）

---

❺　伊藤吉之助，參見山崎正一的文章：《理想》（1961:2），頁 39-43。

的《觀念論對科學的反動》(*The Idealistic Reaction Against Science*)
一書看出，在這本書中批判了科學的認識論問題中的反智主義。

　　高橋里美最重要的著作是《包辯證法》(1942)，在這本書中，他
試圖以全包的方法來克服西田幾多郎和黑格爾的辯證法，但他這一套
方法只有在很寬鬆的意義下才能稱爲辯證法。在某種意義上，這本書
可以被看成是接連着他的前一本書《全體の立場》，因爲他嘗試建立
一套理論，以作爲眞正可被稱爲「全體の立場」的「整體觀」提供基
礎。就事實上來說，他的包辯證法是一種對許多不同形式的辯證法的
批判，他這種辯證法贊成一種源自於高橋里美對實在的知識論探討的
基礎的普遍愛而來的普遍邏輯❻。

　　另一位原創性的哲學家是務台理作，他同高橋里美一樣也是專致
力於現象學和辯證法。關於他我們在下一章將要詳細說明其在戰後所
扮演的角色。 務台理作屬於本期的著作爲《表現と論理》(1940) 及
《現象學研究》(1940)。日本較早一位介紹現象學的人是前京都大學
教授內山得立 (1890-)，他在西元一九二九年和一九三〇年分別出版
了兩本著作反省這一潮流。在《現象學序論》及《存在の現象形態》
兩書中，他根據海德格的「存有提問」(Seinsfrage) 來解釋現象學。

---

❻　高橋里美: 《哲學の本質》，福村書店，1947，頁 147-57; 其他著作
　　爲: 《全體の立場》，岩波書店，1932; 《體驗と存在》，岩波書店，
　　1936; 《現代の哲學》，岩波書店，1917 (這本書除兩章外，乃是編譯
　　自 A. Aliotta 的 *The Idealistic Reaction against Science*); 《認識
　　論》，岩波書店，1938; 《歷史と辯證法》，岩波書店，1939; 《包辯
　　證法》, 理想社，1942。《高橋哲學》, 野邊地東洋編，福村書店，
　　1955 (這本書系統地說明了高橋里美的主要概念)。英文資料見 S.
　　Takahashi, Historical Actuality, 收於 *Philosophical Studies of
　　Japan*, Vol. II (1960) pp. 1-20 中，又參見渡邊一雄發表於《理想》
　　雜誌的文章，1961 年第二號，頁 49-54。

山內得立自己在後一本書的序言中承認他是依藉着海德格。山內得立將取自西方的神秘性成素(庫撒地方的尼可拉斯(Nicholas of Cusa))與東方的直覺主義合併到一起。

早在西元一九二六年,齊克果和海德格的存在主義便在日本為人所知了。前面提過的和辻哲郎便曾受到他們的影響。日本受海德格影響的存在主義哲學家是九鬼周造(1888-1941)。他在西元一九一二年畢業於東京大學,後來在西元一九三五年就任京都大學教授。他對存在主義的興趣表現在他為岩波哲學叢書所寫的《實存の哲學》和《人間と實存》(《人與存在》)兩書中。他的藝術精神(他同樣是受到克伯的影響)則見於《文藝論》一書,以及另外一本極著名的《いきの構造》(1930)中。後面這一本書,即使在今日也仍一直地重印出版。「いき」這個詞的意思是指日本人所特有,把美學的鑑賞當做一種生活方式。在指出「いき」是日本典型所具有的後,他便以一種很邏輯的方式尋找這一觀念的內涵和外延,以便讓任何研究日本精神及文化的人能夠將它拿來討論。這種建立在「趣味」上的生活方式,無疑地是有其哲學前提的。但由於它們潛隱着,故不容易予以討論。九鬼周造邀請我們一起參予生活,但這種世界觀的真正經驗只有在日本才能推想出❼。

除了現象學及存在主義外,戰前十年間居主宰地位的還有黑格爾的辯證法。無論是我們已談過的西田幾多郎及田邊元的思想,或我們將要敍述的馬克思主義者對黑格爾或「世界哲學」的解釋,以及狂熱

---

❼ 九鬼周造:《いきの構造》,岩波書店,1960(第九版),頁 1-17,130-50;《實存の哲學》,岩波講座哲學;《文藝論》,岩波書店,1944, 1949(共兩冊);《現代フランス哲學講義》(《現代法國哲學講義》),岩波書店,1957。

的國家主義者如紀美正平，在在都證明了日本哲學家對黑格爾哲學的
興趣。西元一九三一年黑格爾百年忌辰在日本揭起了研究黑格爾更大
更新的發展。不但黑格爾的全集翻譯成了日文，如海姆（R. Haym）、
羅森克朗慈（K. Rosenkrantz）、格洛克那（H. Glockner）等人研究
黑格爾的著作也都譯成了日文。黑格爾的辯證推理與東方思想方式的
相似性成了老生常談。事實顯示出，並不只紀美正平一人在西元一九
二九年想找出王陽明學派與黑格爾哲學間的關係，前面所提其他所有
思想家亦莫不如此。關於黑格爾所具有的魅力，其理由無疑就像在西
方一樣，是在政治方面，而且是不分左派、右派的。更深一層在哲學
上的理由是如田邊元「絕對的辯證法」上所說的，關於這點我們將在
本書末章再予以詳論，於此僅稍指出其事實便可以了❽。

河上肇的歷史唯物論

　　第二章中所提到搭架早期社會主義以及後來幸德秋水式激進馬克
思主義的人是大杉榮（1885-1923），他是唯一一個一直從事於直接行
動──索列（Sorel）的工會組織論的意義下──即使在幸德秋水一羣
人悲劇地喪生，而使日本社會運動最活躍人物告終以後，亦是如此。
同樣，大杉榮遭遇到的也是一個悲劇的結果，他在西元一九二三年大
地震後的騷亂中被一位警官勒死。大杉榮可算爲理論家那種類型，他
的靈感來源是柏格森和尼采。大杉榮死時，他是共黨黨員，馬克思哲
學在日本的傳播，共產黨是其主要因素。西元一九二二年七月，在
堺利彥、山川均、荒畑寒村的領導下，這個新黨在很困難的情況下成立

---

❽　Lüth, P.; *Die japanische Philosophie*, pp. 78-79; 三枝博音：《日本
　　における哲學的觀念論の發展史》，頁 183-224。

了，並且它從一開始便有着派系之間的爭執。然而眞正使馬克思主義在日本流佈的人，並不是共產黨的領導人，而是河上肇(1879-1946)，河上肇的職位是京都大學的經濟學教授，他定期爲主要報紙所寫的文章，以及他的學術著作，使得所有日本思想家注意到馬克思主義。

河上肇出生在山口縣，西元一九〇二年自東京大學畢業後，即加入《讀賣新聞》，撰述有關政治及社會問題的文章。當他還是東京大學的學生時，他對其政治學、經濟學教授的乾枯講課的感動不如於內村鑑三的講道。《聖經》是他喜愛的書，新約及托爾斯泰(Tolstoi)的《我的宗教》激昂着他的心情。後來他獻身於「絕對無私之愛」，使得他瀕於死亡邊緣，這些都是他爲這一社會服務組織所備嘗的苦難。

他生命的第二個階段，始自於他西元一九〇八年受聘爲京都大學講師時開始，西元一九一三年到一九一五年，他出國專攻經濟學，返回日本後，他升爲經濟學正教授，並開始翻譯馬克思的《資本論》(*Das Kapital*)，他在此時的眞正意圖，其於自傳中曾自揭露說：「我要用大學教授的地位來宣傳社會主義。」這時候他還並不完全是馬克思主義者。但他的立場與E. R. A. 則並沒有什麼不同。西元一九〇五年他將謝立格門(Seligman)的《歷史的經濟學解釋》(*The Economic Interpretation of History*)一書譯成爲日文。他甚至不是唯物論者，根據三枝博音的說法，一直到西元一九二四年左右，他才承認馬克思唯物論在其哲學層面上的意涵。然無論如何，他對實際的社會問題與日俱增的興趣，於其《貧乏物語》(1917)及《社會問題管見》(1918)二書中表現了出來。西元一九一九年，他開始主持「一人」的雜誌：《社會問題研究》，在這份雜誌中，他在《歷史唯物主義研究》中更加暴露出他爲馬克思主義者的身分。他的《貧乏物語》先是在《大阪朝日》這份極具影響力的報紙上連載，當時正是日本大正時期財閥

剛建立其獨占的資本主義和到處充斥貧窮和失業，而初感到經濟紊亂時。

　　河上肇的馬克思主義與唯物主義必須與共產黨理論家如福本和夫等人對其觀點的批判一起來看。福本和夫於西元一九二六年曾指出河上肇常常想做的是改變人心，而不是經濟體系，他甚至提議以馬爾薩斯的理論(Malthusianism)來緩和困境——這一理論對任何馬克思主義者來說卻是不赦死罪。他清醒的見解特別在論《歷史唯物主義與因果律》一文中可以見到。還應該說的是，河上肇並不是「正統的」馬克思主義者。尤其是福本和夫的批評因太過於強調政治方面，因此不值得我們特別注意。 除此之外， 河上肇也清楚指出歷史唯物主義的精義是在於馬克思《政治經濟學批判》(*Zur Kritik der politischen Oekonomie*) 的導論中。 他甚至抨擊所謂「山川主義」，這一詞是指另一位馬克思主義者山川均的立場，其立場在日本共產黨中是較偏向於自由主義的政策。無論如何，福本和夫這一位也被指責為真正共產黨路線中的異端分子，河上肇對他的批評仍是謙遜地接受了。西元一九二八年，河上肇辭去大學的職位，出為共黨所支持的工農黨的議員候選人。

　　河上肇嚴格的馬克思主義思想可以從他自西元一九二八年以後所寫的專書，如《資本論入門》(1928)，及其他論文中見到。後來他加入了共產黨，並為此於西元一九三三年進過牢。加入共產黨後，他主要的成就就是由德文將所謂《一九三二年論題》譯成日文。當時這分資料是經由暗中偷帶入日本的，譯文刊登於西元一九三二年七月日本共產黨的報紙《紅旗》上。這份《論題》是西元一九三一年史大林稱為「托派」(Trotskyist) 的殘存者所寫的。文中鼓動日本共產黨反抗日本帝國主義，因為當時日本帝國主義正侵占中國滿州，並接續蘇俄操

縱中國中東鐵路。這一論題中另一個無望的希望是哄嚷日本共黨攻擊
帝制。自然地這些論點引起日本政府對共產黨的搜捕，於是致使其進
一步的潰散。事實上共產黨本身的存在一直就不是很穩的。河上肇也
遭到逮捕。然而所有這一切災難都不曾動搖他對共產黨的信仰，關於
這一信仰，我們可以說乃是因爲他的馬克思主義總是帶有一種他早年
所抱持的「絕對無私運動」的堅持味道。我們還不應該忘掉，河
上肇並且也是一位詩人和優秀的散文作家，在《日本傳統資料書》
(*Sources of Japanese Tradition*) 所選錄的《自敍傳》及《獄中贅
語》片段中可以看出來。例如讀者可以看到，他如何試圖把所謂「科
學的唯物主義」──他雖然不曾完全證實自己是唯物論者──與佛教
經驗連接起來，因爲他認爲佛教仍還是一個不應忽視有關人生價值的
特殊領域。無疑地，正統的馬克思主義者對他的思想也感到很棘手❾。

　　無疑地，日本共產黨員也鼓動着馬克思主義的傳佈，然而在早期
的理論領袖間卻產生了很嚴重的派系爭執。如果我們不認爲山川均
(1880-1958)所處理的策略問題是問題的話，那麼所謂「山川主義」，
實際上只不過是一種意識型態的問題而已。山川均雖然沒有受過任何
特殊的訓練，但因爲早年涉入政治活動，因此熟悉各種牢獄的內情，
他在西元一九二二年爲當時社會主義的雜誌《前衞》寫了一篇綱領性
的文章「無產階級方向轉換」。這篇文章呼籲激進的知識分子齊集在

---

❾　關於河上肇的著作目錄，參見天野敬太郎：《河上肇博士文獻志》，岩
波書店，1956；《自敍傳》（五冊），岩波書店，1951；又見 *Sources
of Japanese Tradition*，頁 820-29, 872-80；又見向坂逸郎編：《近
代日本の思想家》，和歌社，1954，頁 148-60；三枝博晉：《日本の
唯物論者》，英應社，1956，頁 285-318；大井正：《日本近代思想の
論理》，同合出版社，頁 181-93；古田光：《河上肇》，東京大學出版
會，1959，頁 256-60。

共產主義的旗幟下，走向完全喪失與其領袖接觸機會的羣眾⑩。

　　像如共產黨的小黨派中，許多知識分子的混雜祈願是很容易可以想見的。其獨特的策略，他們通常稱之爲「思想策略」，尤其在幸德秋水絞死以後，共產黨除了談理論問題以外別無所爲。除此之外（於今也是一樣），日本大學校園經常是左派運動（對於右派也是一樣）的最佳土壤。是以在西元一九二二年十一月有二十個學生的學術社團在各大學中組織起來，並以東京帝國大學及早稻田大學爲領導中心。在這些團體中，後來成了共產黨領導人物如志賀義雄及佐野學，當時正是早稻田大學的學生領袖，他們由此獲得到初次的領導經驗。山川均的呼籲是有其相當必要的，然而他卻從來就不贊成如列寧在俄國所造就的絕對由黨來統馭的領導。因此他一些方面遭受到攻擊，他的觀點後來被布哈林（Bukharin）指責爲分離主義和含有毒素，布哈林當時（卽西元一九二七年）同時亦叱責河上肇及山川均的主要反對者福本和夫（1894-）。

　　福本和夫是東京帝國大學政治系的畢業生，他擔任過短期的教職，然後出國一段時間，西元一九二六年他成了共產黨中央委員會的成員。他之爲理論家的領導地位是基因於他對河上肇和山川均的批判，當時山川均在出獄同時還不識時務地談論暫時解散共產黨，但我們想到當時不斷地逮捕共產黨員，那麼山川均這一主張並不是不聰明的策略。另外，日本共產黨也澈底地反對莫斯科的指導，莫斯科曾在西元一九二五年一月通過《上海論題》，表示對日本共黨沒有完善組織一事不滿。福本和夫雖然有一些社會背景，但他在共黨中竄升得這

---

⑩　山川均：《ある凡人の記録》（《凡人的記録》），朝日新聞社，1951，
　　在這本自傳中，有關社會主義運動敍述至一九〇八年六月發生的所謂
　　「紅旗事件」。

麼快，部分是因為其他共黨領袖警察較熟悉，因此常遭拘捕判刑。他的名聲是以列寧「要怎麼做？」（What is to be done?）路線來發展歷史唯物主義辯證論以及實踐問題而得到的。他所熱心的問題以及他關於馬克思主義理論的知識，使得他贏得了「列寧第二」的渾號。根據批評他的人的說法，他的辯證唯物主義及階級意識的概念，實際上很受到盧卡契（Lukács）的影響。在知識論問題上，他則分割開理論與實踐的統一性。對於「分離結合」這一他自鑄的詞，他嘗試將分屬左翼領袖的所有派系團結起來，特別是山川均的「勞農派」，山川均這一派後來被標記為助長派系分裂的角色。他對於日本資本主義已經達到西方資本主義地步一點的看法與第三國際不調和。但無論如何，就像史威靈格（Swearinger）和朗格（Langer）所指出的，反福本和夫的潮流得有第三國際駐東京代表楊森(Jacob D. Yanson)的支持，並由於楊森的報告，日本七位共產黨領袖受邀前往莫斯科，以糾正他們的疑困。這一點在上述所提《布哈林論題》（*Bukharin Thesis*）做了結論，在這論題中，福本和夫做了認錯，「山川主義」及「福本主義」都遭受到拒斥。

在田中義一內閣及以後的政局底下，日共的活動遭到警察新而更加嚴密的監視。在所謂「三月十五日事件」（西元一九二八年），有五百位共產黨員被捕，一再搜捕下，有一些共黨領袖在拘禁期間做了認錯。其中如佐野學、鍋山貞親，鍋山貞親還寫了一份「自白」遞交當局。福本和夫雖然遭到十四年的拘禁，但仍沒有認錯，不過也一直到西元一九五〇年才重入共產黨。另外，福本和夫在日本也以浮世繪專家著名，浮世繪是日本流行於十七世紀的寫實主義繪畫，其代表有北齋等，福本和夫曾寫過一本研究北齋的書❶。

三木清的「人類學的馬克思主義」

　　倘若河上肇在馬克思主義上的地位是在一般學術圈中，因為他主要發展的是馬克思的經濟理論，那麼三木清（1897-1945）所做的是在哲學家的圈子中介紹馬克思思想，廣大的學生羣和大眾也都很喜歡讀他的文章，因為他的文筆清晰簡易。除此之外，三木清也發展了馬克思有關人道主義──這方面他稱之為「人間學」──方面的思想，因而強調馬克思主義必然引起大多數人興趣的一面。三木清的全集共有十六冊，最初一本是研究巴斯卡（Pascal），最後一本則談人生的意義，其中涵蓋的內容相當廣泛，研究哲學的學生、批評家，乃至於一般讀者都必然會感到興趣❷。

　　三木清生於兵庫縣，就讀東京第一高等學校時曾組織哲學社團。由於對西田幾多郎的思想感興趣，他於西元一九一七年進入京都大學就讀。依三木清後來的自白（見《哲學入門》），他對西田幾多郎的依賴不如波多野精一。波多野精一的人格及教學在最初深深打動三木清的心靈。他的興趣非常廣泛，從左右田喜一郎的「經濟哲學問題」到法國文學和思想都有興趣。在他大學及研究院的期間，他的主要研究領域是歷史哲學，閱讀了許多哲學家如文德爾班（Windelband）、李卡特（Rickert）、辛謨爾（Simmel）、特勒曲（Troeltsch）及歷史學家如藍普列希特（Lamprecht）、布克哈特（Burckhardt）及藍克

❶　R. Swearinger & P. Langer, *Red Flag in Japan*, Cambridge (Mass.), 1952, pp. 15-26; 關於福本和夫，見大井正：《日本近代思想の論理》，卷三，頁 584-95；又：《日本の思想》，頁 181-90。

❷　《三木清著作集》，岩波書店，1946-51，共十六卷。

(Ranke) 的著作。早期對歷史哲學的興趣在他後來的許多重要的著作中開花結果了，並在其著作集第二卷題爲《觀念論的歷史概念的問題》一書的文字中，亦時時可以見到。在西元一九二二年留學德國時，他遵循李卡特的方式以德文發表了兩篇文章。在馬堡大學(Marburg)，他跟海德格做研究，並與勒維特 (Karl Löwith) 也有接觸。當時社會主義對德國學院圈子有極大的影響，三木清本人也受到韋伯 (M. Weber) 和曼罕 (K. Mannheim) 的影響。在出國這段期間，他也在巴黎停留了一段時間，直至西元一九二五年才返回日本。西元一九二七年四月他受聘擔任法政大學教授，他在此校任教至西元一九三〇年，因爲當時他幫助一位被警察認爲是同情共產黨者的友人，由於此事件，他辭去教職，不過亦因此事件，使得他的文藝天賦得以大肆發揮，因爲此時他必須靠寫作維生。他大部分的著作是替雜誌寫作的文章，因此多半是具有報導性的哲學或評論文字。直到西元一九三九年他出版了《構想力の論理》（《想像力的邏輯》）一書後，他才完全展現出他的哲學才華，這本書亦是他最具系統的著作。這段期間中，他並完成了許多翻譯，包括：馬克思和恩格斯的《德國意識型態》以及一些亞里斯多德的著作。

他的新聞事業始於西元一九二八年，當時他與另一位馬克思主義的歷史學家羽仁五郎參與了一份雜誌的編輯。這一行動再加上他有關馬克思主義的文字不但使他成爲警察眼中的嫌犯，並且也挑起當時認爲獨一有權解釋馬克思的共產黨的激烈抨擊。無疑的，這種偏狹的批評正就是他日益離開馬克思思想的原因。這點亦即是船山信一將三木清置於《日本觀念論》一書來討論之故。雖然這個標籤是錯誤的，並且太強調流行於馬克思主義思想家間的截然意識型態劃分，不過三木清的晚期所發展的的確是不走唯物論傾向的。三木清這位基本上屬於

實存人道主義而又略帶社會一自由主義傾向的人，在戰爭末期，即西元一九四五年三月二十八日（正當一批部隊被派遣往菲律賓後），再次受到警察監視，他的一位左翼朋友高倉テル避開警察會見了三木清，並帶給他一些食物和衣服。三木清死於西元一九四五年九月二十六日，時年四十八歲，沒有人知道死因，隨後戰爭結束，但他已沾不到佔領軍指揮官於十月釋放所有政治犯的好處❸。

　　於此也許可以談一下「外史」，三木清及其他左翼分子或共產黨員如戶坂潤、古在由重皆參與西元一九三九年開始的天主教百科全書的編譯工作。他們在日本軍國主義期間悲慘的經濟狀況，引起上智大學負責百科全書編輯工作的克勞斯（Kraus）神父的同情，他出於慈悲心腸，因此毫無猶豫引用他們為翻譯者。三木清於法國時就已完成，而在西元一九二六年才出版的《パスカルの研究》（《巴斯卡研究》）一書，明顯地表現出他的實存的人道主義來，這種想法甚至在他詮釋馬克思時也一樣繼續着。當他仍還是學生時，「個性的問題」就極引起他的注意。他與海德格和存在主義的接觸，使得他在巴斯卡的人類學中發現到人存在上的不穩定因素，也就是在人面對他要死亡和空無（Nothingness）時，人是無法被看為絕對的❹。

　　三木清論述歷史唯物論的文章，日期註明是在西元一九二七年到

---

❸　關於三木清的生平和思想，見宮川透：《三木清》，東京大學出版會，1958；唐木順三：《三木清》，筑摩書房，1950；高桑純夫：《三木哲學》，夏目書店，1946（這本書談的主要是三木清的《哲學入門》一書，即《三木清著作集》第七卷的第一部分）；船山信一：《日本の觀念論者》，頁287-304；竹內良知編：《昭和思想史》，頁269-309；田間義一：《現代哲學者論》，頁88-109。

❹　〈パスカルの研究〉，《三木清著作集》，卷一，頁112-14, 127-29, 143；〈個性の問題〉，卷一，頁95-107。

三〇年之間，當時正是他任教於法政大學時，在此之前和之後所研究的歷史哲學並不完全是馬克思主義的。共產黨思想家很容易可以指出，他對馬克思所做的非正統解釋含有海德格的範疇、盧卡契（G. Lukács）以及他特別強調的所謂「基礎經驗」等因素。至於所謂「基礎經驗」是指存有的社會關係的單位（the unity of the social relations of being）。最終地講，也就是無產階級的經驗。對我來說——若可以自由地說——這似乎是馬克思主義的一個非常優秀的解釋，即使在最好的非正統馬克思主義者中我也很少讀到。這亦即為什麼在日本他被認為是哲學的馬克思主義的鼓吹者。雖然在戰後自由的氣氛下出現了許多可信的解釋者，但他們卻少有原創性的思想或甚至缺乏巧妙的陳述。三木清的人類學的馬克思主義並不完全是對階級意識的心理學解釋，而是試圖提出一種《理論の系譜學》的努力，也就是一種曼罕（Mannheim）式試圖建立在馬克思主義系統上很具活力的「知識社會學」（Wissenssoziologie）的努力。於此我不是冒然以為三木清比曼罕更好，但至少他是坦然面對着問題，而且他之強調人類學，無疑地使他較這位對其不曾有過任何相關影響的人更接近於馬克思。

三木清的《理論の系譜學》包括四個方面，這四個方面辯證地相互交錯在一起，很難將之分別開。他的出發點是「基礎經驗」，但這並不是柏格森的純粹經驗（三木清反對索列(Sorel)的柏格森主義），而是馬克思主義的無產階級的社會經驗。從此最初階段，我們必經由「邏各斯」(logos)或稱「認識論經驗」(epistemological experience)過渡到一種意識型態的階段，這種意識型態並不是被想成為一種意識上的認知間架（a conscious intellectual framework），而是一種三木清稱為「存在のモデル」（存有模態）或「社會存有類型」(the pattern of social being)的產品。最後，人類學是前三個方面的歷史結果，它指出人在歷史上各方面都已經在前三種滿具活力之經驗的間架中類型化了。「基礎經驗」穿越過一個必要的自我抽象歷程，走到一種屬於自然的和不意識到的意識型態基礎的存有模態中去，並由此噴湧出有意識的和歷史的人類學來。這四個層次的歷程對三木清來說是眞正的馬克思主義，或至少說，在題爲《唯物史觀と現代意識》這本文集中是有其價值的。在這本書中（也就是其著作集第三冊的前四篇文章），三木清嘗試將馬克思主義從一切唯物論的「形而上學側面」中解放出來。一些物質、意識的性質，以及意識如何從物質出來等問題，對三木清或馬克思來說都不是問題。他所強調的是在社會事務或社會意識上，這一態度確實是馬克思的態度，但並不合於恩格斯或俄國式的馬克思主義，或日本的「正統的」馬克思主義者，因此，日本「正統的」馬克思主義者抨擊三木清，說他忽視馬克思主義哲學方面（對三木清來說是形而上學方面）的因素。然而這個階段還必須敍述的是：三木清與其說是想解釋，倒不如說是想合法化馬克思，關於這一點可以在討論實用主義（他也被指責將實用主義與其他學說混淆在一起）與馬克思主義的關係一章中見出。然而對於具有創造性的思想家來說，他是不會妥協於正統的，並且也永不會滿足於正統❸。

　　三木清的《歷史哲學》（1932）是他在被拘捕獲釋後所寫的，因此有些說法的「改變」可能是由於外在的壓力。理論上的改變則是由

---

❺　〈唯物史觀研究〉，《三木清著作集》，卷三，首四篇曾以《唯物史觀と現代意識》爲題單行，見本卷書末（也就是《理論の系譜學》序中的說明）。關於「基礎經驗」、「邏各斯」等參見本書各段，特別是頁 2-9，41-43；「存在のモデル」見頁 119-20；三木清反形而上的馬克思主義觀點，參見本書頁 45-46, 68-69 及其他各處，第五章到第八章（全集本中沒有標示），則是以前出版的《社會科學の預備概念》一書。

於海德格的存在主義——《存有與時間》（*Sein und Zeit*）一書早於三木清著作四年出版，海德格復活了康德的「構想力」(Einbildungs-kraft) 的概念，三木清在一九三三年出版的《構想力の論理》一書中處理了這個主題。在這本書中，三木清試圖找出一種新邏輯，以別於古典邏輯、新康德主義和西田幾多郎的「場所的邏輯」。三木清的歷史哲學是立基於對三個主要範疇的分析上，第四種範疇，也就是資料或歷史文獻，與哲學家沒有什麼大關係。三個主要範疇是：（一）存有，或者說：已發生爲事件的歷史，也就是 "res gestae"；（二）邏各斯 (logos)，或稱事件的描述；以及最後（三）作爲「事實」的歷史。最後一個概念是三木清歷史哲學的眞正起點，因爲這個「事實」（更好說是現實性(actuality)）使得我們理解歷史。歷史呈現的眞切事實與西田幾多郎在《無の自覺的限定》中所陳述的類似概念有關。然而三木清與西田幾多郎不同，他提出了一種特殊型態的實存的行動主義 (existential actionism)，使得他將菲希特 (Fichte) 的「作爲」(Tathandlung) 拿來與「事實」(Tatsachen) 相對照。使歷史成爲可理解的並不是我們的思考活動，而是三木清所稱「實體的もの感性的もの」，也就是生命中的存在經驗和感性經驗。這種主體經驗或個體經驗（卽主體性）克服了相對主義以及對歷史的主觀解釋，因爲它是眞正的歷史，其意義乃是由我們生活過的歷史所給予的。作爲「邏各斯」的歷史可以是一種對過去的主觀描寫，而侵進於具有嚴格因果關係的存有的歷史中去。做爲事實的歷史則是人所創造的事實，經由基礎經驗，我們便可在現在重建過去。這種三木清在其歷史唯物論概念中同樣也考慮到的基礎經驗，於此是給予現在以意義的主體的歷史意識。爲要使將來成爲實際的現在，而不是可能性，三木清訴求於把歷史視作「激情」(pathos) 這種觀念所支持的主體決定。

最後一個主題與三木清的《構想力の論理》有關，因為對他來說，只有這種構想的激情（imaginative pathos）的邏輯才能超越感性和悟性，以及走進事物的無間實在中去。它不是胡塞爾的意向性（intentionality），但有點類似。對海德格來說，「構想力」抓住了人的具體存在。三木清走得更遠，他想用這種能創造一種「形式」的能力（也就是具有「形の論理」的能力）去統一或超越「邏各斯」和「激情」，這種完全不屬於理智，而是人類行為運作的邏輯的直接領域，尤其是表現在神話、制度，以及技術的創造中，而技術之與歷史有關，這乃是因為歷史本質上實即就是技術。換句話說，人是文化的創造者，或者說，人是各種社會—文化及技術「形式」的創造者。人類的歷史只不過是「形式」變化的歷史。三木清認為這種「形式」的邏輯有其客觀性，倘若我們假設理論與實踐的統一，那麼它便可以稱得安慰地被認為是一種較具批判性的歷史知識觀點。無論如何，三木清認為，藉着環境條件的增加以作為更具體的基礎，較大的客觀性是可以獲達到的。對於三木清來說，這一階段的社會環境與馬克思所說的決定因素並不全然相似，反而是一主體性的人仍繼續創造着新形式的世界，也正是他在其《歷史哲學》中所想達到的。要強調的應該是擺在內在於「構想力」中的創造因素。在這種「構想力」中，更具理性的一面就是「行為的直觀」，而其更具運作因素的則是「形式」（form）的創造❻。

三木清思想的第三個側面表現在他的「人道主義」（humanism）上。關於此主題，他在所寫的文章中談了許多。在他最後從事評論工作的期間，他聲援許多自由主義者，並且力促知識份子避免當時瀰漫

---

❻ 〈歷史哲學〉，《三木清著作集》，卷六，頁 32-34, 164-67；〈構想力の論理〉，卷八，頁 6-11, 311-66。

於學術界的沙文主義（chauvinism）及政治上的奴性。我特別要提出其全集第十四册中討論「社會」的一些文章。他對於中日文化的看法很生動地表現出當代因政治目的而對歷史的濫用。他自始至終都是自由的人道主義者（liberal humanist），但對於警察來說，卻是一個不忠的國民。關於他在知識上的人格，雖然是站在他另外一邊的西田幾多郎，甚至田邊元，也都不得不給予他最高的評價❶。

唯物論者及共產黨哲學家

關於比三木清更正統的唯物主義和馬克思哲學，我們現在必須討論「唯物論研究會」，以及永田廣志、戶坂潤等思想家。「唯物論研究會」成立於西元一九三二年十月，其成員約有四十人，主要的領導人物如長谷川如是閑、服部之總、羽仁五郎、本多謙三、三枝博音、戶坂潤等。其工作則是要在自然科學、社會科學，以及哲學等各個領域中鼓吹唯物主義。他們出版了一份名爲《唯物論研究》的雜誌，並且還出版了一套討論唯物論的叢書——《唯物論全書》。這個學會解散於西元一九三八年。然而當時它已經在大眾間散佈了蘇俄米丁（Mitin）與德波林（Debolin）爭論的各面，其中不但他們的書被譯成了日文，甚至史大林的批判——首先是針對布哈林（Bukharin）（因爲布哈林的書在日本廣泛地流傳着），後來是針對德波林的辯證法的唯心傾向——也都譯成了日文。史大林偏袒年輕的米丁的立場，米丁

---

❶ 《三木清著作集》，關於三木清的人道主義見卷十二，頁 171-79；卷十，頁 385-99；卷十四，頁 16-23 談論了日本與中國的思想；卷十四，頁 441 論西田幾多郎及田邊元，參見：佐藤信衞：《西田幾多郎と三木清》，中央公論社，1947。

後來成了史大林立場的代言人。因此，日本在三十年代初期就已經比
西方更深入地了解了蘇俄的哲學，也就是說已經知道史大林與其敵手
兩面對壘 —— 左面是實踐與理論分家（Trotzky），右面是布哈林
（Bukharin）——的情形。

　　筆者曾廣泛撰文論述蘇聯哲學，我於此可以證實，在現今西方更
加澈底研究馬克思主義的時候，日本早在二次世界大戰前就已經比現
今更加完全地掌握了蘇聯哲學爭論的詳情了。除了蘇聯自身以外，世
界上沒有其他國家比日本更澈底地研究了蘇聯哲學。其部分原因是由
於「唯物論研究會」的成立，以及大量從俄文譯出蘇聯代表性的思想
家著作。例如德波林的著作，除了日文翻譯外，沒有其他文字的翻
譯。實際上日本在此方面也沒有什麼原創性的思想家，其中大部分都
屬翻譯和介紹，不過，於此日本一直都有學術性的從事。關於日本早
期思想中的自然唯物主義潮流，我們也要談一下，其中如永田廣志或
三枝博音，他們兩人偏屬於哲學史家，不能算是系統的哲學家。為要
系統地研究馬克思哲學的各個不同領域，如知識論、辯證法、理論與
實踐的一致等，其中俄文所謂 "partinost" 或日文所稱「黨派性」（此
字英文可以譯作 "partisanship"，意即意識型態中階級的條件限制），
我只能提一下大井正的專著❶。

　　《唯物論全書》計劃刊行五十種，《三笠全書》中共出了十六
種，三笠書房出版了兩套叢書，第一套所收的包含哲學和社會問題，
首冊即是戶坂潤的《科學論》，此叢書所收內容包括科學史、古今的
唯物論、邏輯（由三枝博音所撰）、美學、政治問題、戰爭理論，以

❶　唯物論研究會，見大井正：《日本の思想》，頁203-45；《日本近代思
　　想の論理》，卷三，頁 595-606；宮川透：《近代日本の哲學》，啟蒙
　　書房。

及法西斯主義等。

　　永田廣志（1904-1946）由於他精通俄文，成了優秀的蘇聯哲學的解釋者。永田廣志沒有特別的哲學訓練，他是西元一九二四年畢業於東京外國語大學，主修俄文。他是多產的作家，他在西元一九四六年所印行的著作選集只收進了他一部分的著作。他的譯作始於翻譯阿克謝羅德（Akselrod）及德波林（Debolin），止於史大林的《辯證的及歷史的唯物論》（*Dialectical and Historical Materialism*）。他由此而建立了他在日本共產黨員和唯物論者中的地位。他一直到今天仍受馬克思主義者推崇的一些文章，是那些表現出他高度忠實反映出蘇聯哲學的意識型態變遷傾向的文章，也就是有關西元一九三二年米丁（Mitin）所寫攻擊德波林，以及有關後來極受爭議將形式邏輯、辯證邏輯及知識論等同為一等問題的文章。然而他缺乏有關黑格爾哲學的知識，確實是他澈底了解辯證法的豐富性的一個障礙。其他討論辯證唯物論及歷史唯物論的主要著作，無疑地是有許多見地，縱然它看來相當像是手冊而不是獨立的研究。他應該判歸屬通俗作家（在積極意義一面），而不是專家。作為歷史家及《日本哲學思想史》和《日本唯物論史》的作者，永田廣志展現出他在日本材料上的豐富知識。他的解釋雖是屬嚴格的馬克思主義者，其著作並且是唯心史觀作家的強烈勁敵，但他的觀點仍一直是討論日本思想的標準著作⓳。

　　其他比永田廣志更深刻的共產黨思想家是戶坂潤（1900-1945）。他在西元一九二四年畢業於京都大學，同年他出版了他所翻譯文德爾班（Windelband）的著作。他的哲學訓練是新康德主義和現象學。他的畢業論文是討論康德的空間問題。在任教過許多學校後，西元一九

⓳　《永田廣志選集》，白楊社，1946-49，九册；關於永田廣志，參見竹內良知編：《昭和思想史》，ミネルバ書院，頁 302-34。

二九年他出任爲大谷大學的教授。大約在這個時候，他由於三木清的影響轉向唯物主義，後來更轉向共產主義，他是「唯物論研究會」的主要人物，他曾爲岩波書店所出版的叢書撰寫《科學方法論》一書，在這本書中，他的科學哲學發展成了唯物論。然而致使他更出名的是《イデオロギーの論理學》及西元一九三五年出版的《日本イデオロギー論》二書，此二書很淸楚受到了馬克思、恩格斯合著的《德意志意識型態》（*Deutsche Ideologie*）的影響。當時他聲言反對已操縱着日本的軍國法西斯主義。他爲其勇敢付出的代價是坐牢，他以四十五歲英年早逝。他在西元一九三一年從京都來到東京，就任法政大學講師之職，然由於警察一直尾隨跟踪着他，他放棄了他的教職，而以爲雜誌寫稿及翻譯爲生[20]。

　　爲總結日本戰前的馬克思主義，於此我們必須提一下羽仁五郎、服部之總、平野義太郎等人主撰的《日本資本主義發展史講座》，這些馬克思主義的歷史學家反對官方將明治維新時的資本主義成長解釋爲國家的介入和絕對主義。官方認爲明治維新是一種支持天皇權力的政治維新，但經濟史家如本庄榮次郎則主張是明治以前日本經濟發展的自然結果，它無須任何政治上的介入。而馬克思主義的歷史學家則強調： 這一種維新乃是走往絕對主義及走往相對的「 勞農派 」的運動，它不是中產階級的革命，它倒不如說現代日本本質上是半封建及專制的資本主義形式 。 自然地， 這種解釋較符合於所謂「亞細亞專制」（Asiatic Despotism）一詞和馬克思所謂「亞細亞生產方式」的說法。「講座派」（負責上述講座的馬克思主義者）在戰前日本有極

---

[20] 關於戶坂潤的思想，參見三枝博音：《日本の唯物論者》，頁319-49；大井正：《日本の思想》，頁228-38；竹內良知編：《昭和思想史》，頁 336-74；平林康之：《戶坂潤》，東京大學出版會，1960。

廣泛的影響，卽使在今日，它對日本的編史也仍有極大的影響力在。

「世界哲學」及國家主義

所有由馬克思主義者（但不是共產黨員）所寫的日本戰後思想史，都會有很長的篇幅討論西田幾多郎首創，並以田邊元爲首座弟子的京都派的繼承者的「帝國哲學」。西田幾多郎本人沒有受到很大的指責，但我們將也會看到，他也沒有被輕饒過。田邊元在西元一九三四年出版的《種の論理の辯證法》應特別指出來，他在西元一九三九年所寫的〈國家的存在の論理〉這一篇文章受到了批評。在許多段落中，田邊元因其非理性主義而將國家及天皇予以神化的作法遭致了批評。和辻哲郎的《風土》同樣地也轉變成「生存空間」(Lebensraum)，而與納粹的「生存空間」無何差別。和辻哲郎自然是不屬於京都學派。在這一股國家主義哲學潮流中應該特別指出的是高坂正顯 (1900-)、高山岩男 (1905-)、西谷啟治 (1900-)，以及較不重要的鈴木成高。前三人被提及乃是因爲其哲學的重要，甚至在今日，他們仍是日本哲學界中的代表教授。這三人都畢業於京都大學，並且都曾在其母校任教過一段時間，並且在戰後清滌時期都必須退休一陣子。他們中除高山岩男外，都重回京都大學，我們在下一章會討論他們最近的出版品，由此可證明他們的學識能力。

他們早期作品顯示出同一種興趣，這興趣使得他們具有與馬克思主義的解釋者一樣普遍的明顯特徵。高坂正顯在西元一九三二年就出版了一本論歷史哲學的書，歷史哲學是西田幾多郎這些學生的共同研究領域。西元一九三七年，他出版了《歷史的世界》，西元一九四二年又出版了《民族の哲學》，其間他並作了三本有關新康德學派及對

康德本人的研究。以兩册論述西田哲學聞名的高山岩男也從事於《文化類型學》（1939）及《世界史の哲學》（1942）。西谷啟治在三人中雖較缺創作力，但其潛能並不較少，他除了是亞里斯多德哲學的專家外，也寫了《根源的主體性の哲學》（1940）及《世界觀と國家觀》（1941），對於雜誌如《中央公論》等，這三人結合了其他知識分子，在戰爭期間極力探討世界史和日本的戰爭問題，以及如「總力戰の哲學」的哲學問題。

　　於此我們不做徵引，讀者可以參閱註釋條中所提到由各書挑出來的各段落，這些段落充分證明了這些當代評論者的論題。設若要明顯地論述這些主題，特別是在戰爭時期，那麼實際上是不能不或多或少屈服於國家主義的潮流，並且很清楚地，他們也沒有什麼選擇的餘地。然而，同時也要明確指出，如高坂正顯《歷史的世界》一類著作，是試圖建立一種「普世史」（Universalgeschichte）的觀念，這一種想法並不僅限於歐洲史，並且還要包括東方世界。試讀一下討論以種族解釋歷史這一章，便很能夠了解，高坂正顯的想法與種族主義者或納粹的想法差距有多大。高山岩男對於「文化類型學」的研究，目的是要將日本文化置於一個獨特的範疇中，在戰時印行的那一版，他受到一些人的批評，因爲他不認爲日本文化是獨一的，也不比其他文化優越。他的《世界史の哲學》只不過是藍克（Ranke）的國家觀和個體觀，以及邁乃克（Meinecke）的「國家理性」（Staatsreason）的一種應用。而其所強調的自然是着重於世界史由西方移轉向亞洲這一設想。較有問題的是高山岩男的《日本の課題と世界史》（1943）一書，這本書過份強調國家主義。同樣地，高坂正顯也極倚重於藍克，然而他亦極富於批評，特別是對於特勒曲（Troeltsch），因爲就其來說，歷史只不過是歐洲的意識，亞洲完全被忽略了❹。但對於東

方思想來說，無疑地，這正是在國家主義刺激下，他們所要克服的疼痛點。至於他們做得太過分，這是另外的問題，不過這些大師在當時仍都是國家主義者。

平泉澄所持的亦是國家主義的歷史觀，他在《わが歷史觀》(《我的歷史觀》，1934) 及《傳統》(1940) 兩書中歌頌皇室及日本文化的優越性。國家主義潮流的中心是「精神文化研究」，其中扮演領導角色的是慶應大學的蓑田胸喜。蓑田胸喜在戰後自殺。其他狂熱的國家主義者爲佐藤通次、鹿子木員信；然而做爲一位價值哲學家和熱情的國家主義者，我們於此必須提出紀美正平 (1874-1949)。

紀美正平於西元一九〇〇年畢業於東京大學，他在明治時代末十年的哲學界就已經很活躍了，他參加了許多哲學叢書和辭書的編輯工作，我們在第三章時就已提過他了。他在西元一九一九年就已當上學習院的教授，然而他還參加許多從事日本文化研究的中心，如國學院大學等教育機構，順着井上哲次郎的路線來工作。他早期的著作《認識論》(1915) 在哲學這一領域中是一本很具批判性的研究，絲毫顯示不出其偏見。然而後來在其《行の哲學》(1923)以及《日本精神》(1930) 兩書中，其根基於黑格爾的國家主義便變得很明顯。紀美正平並不只是一位翻譯家，他也很精熟黑格爾的辯證法，土田杏村將他的「行的哲學」拿來與菲希特的「實行」(Tathandlung)或西田幾多郎的「自我意識」相比。事實上他乃是以國家倫理精神的觀點來看人的行爲。對於紀美正平來說，歷史是由民族精神 (folk-spirit) 所造

㉑ 高坂正顯：《世界史の哲學》，岩波書店，1942，頁 1-7, 183-217, 447-86；對這一潮流的尖銳批評見竹內良知編：《昭和思想史》，頁 359-421, 1-83；又遠山茂樹等編：《近代日本思想史》，第三卷，頁 715-33。

成的，這種精神與黑格爾的「精神」（Geist）相似，我們必須將我們
的能力和主動的意識參與創造歷史的行列中去。它要經由整體的，也
就是眞正歷程的「大行」，黑格爾的「絕對精神」的典型很清楚地只
有在與藝術、宗教、邏輯的領域內的精神有關時才能見到。紀美正平
在這本書中批判了佛教的「業」，因爲佛教主張宿命論；然而他對東
方價值的欣賞，在其《日本の精神》一書中則很明顯。紀美正平一直
應用黑格爾的辯證法來對抗唯物思想家和維護國家主義。在其《なる
ほどの哲學》（《變的哲學》）中，黑格爾的思考方式被用來解釋日
本神話的產生，日本神祗所創造的天地，以及在這種永恒進行不止的
運動中的中心就是天皇世系❷。

　　早先是黑格爾主義者，後來逐漸成爲國家主義者的儒家倫理學者
是西晉一郎（1873-1943），他亦是一位卓具聲譽的重要歷史研究者，
土田杏村曾評述他的書《倫理學的基本問題》（1923）及《教育與道
德》（1923），並將之與西田幾多郎相比，因爲西晉一郎強調「純粹意
識」，這是唯一的實體，其中道德意識扮演着領導地位。他主張只有
在自由之境中，也就是在道德世界中，人們才能實現其自我意識，才
能抵抗從他人而來的對立，以及實現所有一切構成道德整體的社會關
係。同樣地，康德、孟子以及武士道都是在呼籲將不理性的本性予以
合理化和道德化。西晉一郎認爲有一種必然要實現這種任務的理性感

❷　紀美正平：《日本の精神》，岩波書店，第三版，1931（這本書根據儒
　　家的孝、忠思想來討論日本精神）；《知と行》，弘文堂，第四版，
　　1941，這本書討論儒家 — 日本的倫理思想；《なるほどの哲學》，
　　1942，本書以黑格爾辯證法討論日本精神。關於紀美正平的思想，見船
　　山信一：《日本の觀念論者》，頁212-17；大井正：《日本の思想》，
　　頁 78-80；Tsuchida K., *Contemporary Thought of Japan and
　　China*, London, 1927.

覺。他對西方倫理學的批評，以及他對儒家道德的偏重，很明顯地表現在其於戰爭期間所出版的《教育勅語衍義》，關於這本書我們在本書第二章已有談論了。西晉一郎是一位很具折衷主義的倫理學家，他試圖將西方與東方的道德結合在一起。自然的，「忠孝論」（也是其著作書名）這樣一種摻混着中日儒學的思想，一直是最高至上的，西方的原理必須要調適於東方的標準❷。

❷ 繩田二郎：《西晉一郎先生の生涯と哲學》，理想社，1953；Tsuchida K., *Contemporary Thought of Japan and China*, London, pp. 97-105.

第七章　戰後的哲學潮流
(1945—1962)

京都學派的存在主義

　　戰爭末期，日本哲學界損失了如西田幾多郎、三木清這樣的領導性哲學家，而戰後曾在政治上妥協的教授也無法為破碎的學術界帶來新的希望。

　　田邊元在戰後（於此我們已有相當篇幅討論過）作自我批評的勇敢態度，無疑地促使着他的後繼者不要只袖手旁觀，而將哲學領域及社會問題的解決完全讓給馬克斯主義者。馬克斯主義者由於享受到新近由資本主義民主政權所建立的自由，因而他大力進軍這兩個領域。在一篇為戰後初期一份短命雜誌《展望》所寫的文章中，田邊元就已承認，他們所倚靠的大柱竟如此嚴重且突然地傾倒了，虛無主義自然也如期待般地填進這個空虛。接着他試圖指出一條重新檢討哲學和社會問題的新道路。不管田邊元的「懺悔道的哲學」及其社會政治思想是否與其先前立場一致，但他對未來更絃重張的希望和信仰態度，在一些圈子中仍有振奮的效果。從慘敗的眼光來看，帶着悲觀色彩的存在主義哲學只有京都派——即西田幾多郎及田邊元的學生才採取它。

高坂正顯在西元一九四七年九月那期的《哲學評論》中，將存在主義視作現代文明的虛無性的一個明證。

在檢討京都學派哲學家的發展之前——他們所表現對存在主義的興趣顯然不止是一時的——我們必須指出，德國的存在主義及有信仰的存在主義正是西田幾多郎的學生所關懷的主要問題。沙特的存在主義則在報章哲學家（Journalist Philosophers）以及其他各文學團體的成員中非常流行。沙特向馬克斯主義的靠攏，在知識分子中有一大批信徒。若由其著作集最近的翻譯可以用確定其影響力的話，那麼他的信徒的數量一直是很可觀的。但這種流行不能歸因於京都學派的哲學家，他們評論解釋的主要是齊克果（Kierkegaard）、海德格（Heidegger）及雅斯培（Jaspers）的思想。最近馬色爾（Gabriel Marcel）也由於國際哲學聯盟（The International Association of Philosophy）的贊助，在日本做了一系列全國性的演說，而變得很流行。然而這一羣以京都學派小島威彥爲領頭的人，仍很難與具有更強大影響力的「日本哲學會」相比。直到數年前，此一學會由於受到較激進分子（但不卽是馬克斯主義者）的控制，因而採取了與京都派對立的態度。

倘若我們回想一下前一章所述的「世界史的哲學」，那麼把京都這一羣哲學家稱做爲一特別的思想「學派」（"school" of thinkers），可以說是有其理論上的根據。尤其在戰後，西田幾多郎的學生編印其老師的全集以及發表論述西田幾多郎及田邊元的文章的同時，更是沾染上了一種對羣體的認同。同樣地，也一直都有着適合馬克斯主義者去爭取的意識型態組織（ideological build-up），他們希望在日本哲學界劃爲唯心主義及馬克斯進步主義思想家兩個陣營。天生敵對的東京大學及京都大學亦促成這種膚淺的劃分。

　　格式化是寫作哲學思想簡史所不可避免的罪過，由此我切望讀者不要被表面上單純，裏頭事實上複雜分歧的思想系統瞞過。將龐大材料簡化成一些被認許的普遍潮流，這是不可避免的。例如，對於高坂正顯、高山岩男及西谷啟治的思想的分析，其間便有許多異同之處。甚至在他們論述存在主義、倫理問題及宗教哲學上，我們可以看到其間有一個很明顯的類似性，因此我們可以將此三位思想家劃入同一流派中。這些明顯的特徵可以在其他哲學流派中見到（以後我們會論到）。然而，京都學派的哲學家因爲有西田幾多郎及田邊元這兩位原創性哲學家爲模範，因此其流派的相似性便更明顯❶。

　　高坂正顯在西元一九四七年於其題爲《政治自由及び運命に関する考察》（政治、自由及命運的考察）一書中表白其有關「政治、自由及命運」的看法。於此，他明白肯定人的限制乃是由於其社會政治環境的本質之故。高坂正顯不籲求任何「懺悔道」；相反地，由於無法逃避相對性的歷史主義，因此他一直冀望着「探究の論理」，或者說，探究一種「無的普遍」（普遍無）的現象學呈現之實在的嚴格知識。但此仍很難判定高坂正顯本人是否贊同存在主義。他關於主體的解說見於兩本書中，首先一本是《實存哲學》，另一本則討論海德格究竟是爲虛無主義者或者不是這個問題。他所編的 *Japanese Thought in the Meiji Era* 一書是在戰後完成的。這本書清楚證明了高坂正顯在做爲一位思想史家的能力。筆者在寫作本書前面幾章時曾採用了這本書的許多看法❷。

❶　關於戰後起初幾年日本哲學的簡述參見哲學年鑑刊行會：《哲學年鑑 1945-1947》，創元社，大阪，1949，1-33 頁的簡論是務台理作寫的。關於馬克思主義見民主主義文化聯盟編：《文化年鑑》，1949，頁 27-32；其他年鑑中最有用處的是每日出版社編：《每日年鑑》。

❷　高坂正顯：《政治自由及び運命に関する考察》，弘文堂書店，1947，

　　高山岩男在西元一九四八年出版了《理性、精神、實存》，他這本書大膽嘗試康德的「純粹理性批判」及黑格爾的「精神」與齊克果、海德格及雅斯培的關係。這本書中，高山岩男認為哲學必須是一種走向必帶有着泛神論色彩的精神哲學的理性哲學，然而可能跳入神秘主義或存在主義以抗拒泛神論的人類自由，因而必然要引向於存在。高山岩男對現代文明中的宗教問題的深刻興趣見於《現代の不安と宗教》(1955) 一書。現今世俗化的文明，不管是由具有宗教傾向的人或知識分子所造就出來的，它若是要克服現代人的混亂情境，就必須找出一條能共存且和諧發展的道路來。這種想解決現代人的特殊困難情境的企圖，使我們想起田邊元在戰後階段所寫更具系統——也許是較不具原創性——的著作。在處理如神的存在這樣的問題上，高山岩男指出我們無法用如在物理世界之事物上所用的那種「存在」或「不存在」來談神。尤其他喜歡用預設者解悟的佛教術語，而不喜歡用形式邏輯。宗教的重要乃是由於它能創造一個基於人類依循只能建立在神的絕對善上的道德價值之愛的文明這一事實。

　　高山岩男在另一本書《道德の危機と新倫理》(1954) 中談論道德的問題。如同他在序言中所指出，他完全不滿意戰後的新倫理，因為它們不是十九世紀的自由主義，便是不民主的共產主義倫理。「新潮」的口號也被用於前不久的法西斯倫理學（它們甚至比馬克斯主義更新），由悲慘的戰爭得到印證，新潮自身（在與道德法條有關下）並不保證它有基本上的穩當性。所有日本戰後所提倡的倫理形式都太古舊了，新的倫理學必須由日本人自己來從事，他們卓具有悠久的倫理學傳統。在對這些「老」觀點做了批判的探討後，高山岩男把底下一

種倫理學當作解決道德問題最有意義的一種，此亦卽統一在內在道德人格（也就是宗教人）下來處理倫理學中不會變的一面和會在歷史中改變的因素的倫理學。他進一步提議以盧梭（Rousseau）的術語"volonté gérérale"（「道德意志の普遍性」）作為力行道德的基本原理，並要時時在心中記取倫理學的理論表述的限制。對於高山岩男來說，道德必須來自於永恒者，這種永恒者則像是世界中的一個幽靈（apparition）或者如他所稱「第三個創造」（third creation）❸。

西谷啟治也參與《現代の社會の諸問題と社會》一書的寫作，他並且寫了一篇極具功力討論惡的問題的文章（這種文章在戰後的學術刊物上極多），另外他還出版了一本討論虛無主義的重要著作《ニヒリズム》（*Nihilism*，卽《虛無主義》，1949）。這本書是由一系列討論有關杜斯妥也夫斯及尼采的演講而構成的。尼采曾錯誤地把佛教的「空」拿來與歐洲的虛無主義相比。不過西谷啟治在「創造的虛無主義及有限性」一段中看出了一個可以架通東西方的基本統一，他進一步嘗試在這種危機哲學中找出一個人的新境界來。「創造的無」（creative nothingness）一詞是取自史提納（Stirner），然而在其對現象世界以及對永恒的本質世界（經由尼采及海德格）的雙重否定上，存在着一個與歐洲虛無主義基本上相同的一致性（oneness），歐洲的文明雖然有一個建立在存有（being）上的形而上學，而東方又缺乏一個古老的邏輯傳統，但西谷啟治看到了許多佛教的正面價值，他因此對東方文明並不失望❹。

---

❸　高山岩男：《現代の不安と宗教》，創文社，1935，頁 2-5, 189-90, 196-202；《道德の危機と新倫理》，創文社，1954，頁 1-4, 31-50, 164-65, 200-02。

❹　西谷啟治：〈惡の問題〉，於《新倫理講座》，安倍能成、天野貞祐、務台理作、和辻哲郎等編，卷Ⅱ，創文社，1952，頁1-27；《ニヒリズ

　　戰後存在主義的衝擊，在哲學上並不只限於京都學派而已。倫理學家如金子武藏（《理性存在的哲學》，1954）及大島康正對存在主義的「情境倫理學」（situational ethics）都有非常學術性的專著加以討論，並由此而得享盛譽。於此顯示出存在主義自始至今的影響力有多大。這兩位哲學家，一位任教於東京大學，另一位則任教於京都教育大學，我們將在後文再詳細介紹。

　　存在主義潮流的進一步標記，我們於此可以提出以前介紹過的和辻哲郎的著作，以及他在西元一九四七年所出版的《齊克果》一書，這本書是他早先一本著作的新版本。

　　最新一本談存在主義的書是現象學家山內得立所寫的。其書名叫做《實存と所有》，這本書（至少在書名上）使人想起馬色爾（G. Marcel）的同名著作 *Être et avoir*（《是與有》）。我們也許可以在此順便提一下，山內得立在西元一九四七年同時完成了他前兩冊《希臘哲學史》，這些書都是有關西方全體文化基礎的研究。這套書到西元一九六〇年總共便出版了五冊，由此，這套書成了有關希臘思想至今已知最徹底的研究❺。

　　田中美知太郎（1902-）也許可以說是一位與京都學派有關的人。他於西元一九二六年畢業於該校，西元一九五四年返回母校任教。田中美知太郎不曾表示對存在主義有興趣。他是以一位優秀的柏拉圖學者聞名。他寫過一本極好的哲學入門書，並寫了許多卓具功力的論

　　(續)ム》（《虛無主義》），弘文堂，1949，頁 224-29；《宗教とは何か》
　　　　（《什麼是宗教？》），創文社，1961，本書第一篇的英譯，請參見
　　　　Philosophical Studies of Japan, Vol. II, 1960, pp. 21-64。

❺　山內得立所著一套五冊討論希臘哲學的書是由弘文館在1961年出版的。
　　第一冊討論先蘇哲學（Pre-Socratic Philosophers），另外有兩本分別
　　專門討論柏拉圖及亞里士多德。

文。在柏拉圖這一主題上，他的興趣主要是在標示他所謂「柏拉圖主義」或「唯心論」，而不是在於做爲一個純粹的注釋家或訓詁家。他的主要著作是《ロゴスとイデア》（《邏各斯與觀念》，1947），最近的著作是《善と必然との間に》（《在善與必然之間》，1952）。這兩本書各章都曾分別在哲學刊物上發表過。貫串這兩本書的線索，我們不但可以發現田中美知太郎所根據的柏拉圖哲學，並且也可以發現到他的系統陳述。首先《ロゴスとイデア》一書陳述實在的「邏各斯─觀念」的形而上觀點 (the logos-idea metaphysical view of reality)，其次《善と必然との間に》是一人類學的研究，其中討論了人的自由之預設。雖然田中美知太郎在第一本書以三篇文字講述柏拉圖的時間概念，但他的目的並不在於要分析這一概念，而是想更進而求得關於實在更完善的知識。對於柏拉圖（同樣亦是對於田中美知太郎），第二個主要問題是探討實在與善之間的關係，這一問題也是田中美知太郎第二本探討其倫理人類學的書中的主題。他的希臘文知識（他並且曾編著過一本希臘文法書），使他贏得今日日本最優秀的柏拉圖學者的稱譽。在上述兩本哲學性的書中，田中美知太郎表現出，他並不是只停留在注釋的層次，而是極深入的登堂入室。他的成就顯示出一個由希臘思想家所激發出來的眞正獨立哲學發展❻。

---

❻　田中美知太郎：《ロゴスとイデア》（《邏各斯及觀念》），岩波書店，1947，頁335–44；《善と必然との間に》（《在善與必然之間》，岩波書店，1952，頁325–35；田中美知太郎其他關於希臘的著作爲：《ギリシャ研究とヒューマニズム》（《希臘研究及人文主義》），金目書局，1955；《古典の智慧》，河出書房，1955。

戰後的馬克斯主義及唯物主義

　　戰後日本最流行的哲學潮流顯然是馬克斯主義。戰後起初幾年，左翼思想家得到了只有在資本主義和民主主義中才能得到的自由，而大部分這種自由亦是由共產黨及馬克斯主義思想家造成的。共黨或馬克斯主義者大力刺激哲學的出版，在哲學會議中，共產黨員及其同路人所持的好戰態度，共產黨員於爭吵中所施展在理論上吹毛求疵的強調，這一切都是出自於政黨路線正相對立的緊急關頭，所有這些都在某種程度上指出馬克斯思想在日本哲學界中的風行，從馬克斯主義者本身借來術語，這種廣泛被接受的馬克斯主義思想，可以在其辯證對立上看作是一種對戰前國家主義的強暴的反命題。雖然書店到處擺滿各式各樣討論共產主義及馬克斯哲學的書，但日本作家所寫的原著卻極少。其有關翻譯及詮釋幾乎涵蓋了從馬列經典（最近還包括毛澤東）到如羅森塔（Rosental）、空士坦丁諾夫（Konstantinov）和亞列桑德羅夫（Aleksandrov）的著作。非蘇聯的共黨作家也在到處可見的書報攤架子上找到他們的位子，並且這些作家也分得到對他們的讚美。這些作家中最流行的是英國人康否斯（Cornforth）、法國人噶落地（Garaudy）、樂夫末（Lefebrve，現在名聲不揚），東德鄂斯納（Oelsener）及布洛霍（Bloch，布洛霍也不遵守「黨路線」）以及義大利的格朗斯齊（Gramsci），蘇聯最近出版的《哲學史》（*Istoriya Filosofii*）也得到日本哲學家熱烈的喝采。然而，除了一些蘇聯附庸國之外，沒有什麼國家能像日本一樣，將其最近翻譯蘇聯哲學雜誌 *Voprosy Filosofii* 中著要論文而弄出一分蘇聯哲學年鑑來（《現代ソビエト哲學》）。

這種馬克斯─共產主義思想的占上風，在學術研究領域中成了一種可嘆的結果，許多處理明治時代到今天日本思想史的著作都一味傾倒在這個共產主義潮流下，因而大部分地失掉了其歷史學上和哲學上的正確性。由於缺乏較好的資料，作者只好盡可能少用這些材料。

馬克斯哲學的魅力似乎不但散佈於那些公開宣稱自己是共產主義者中，並且也散佈於那些自稱能分別社會改革和馬克斯主義思想的人中。在過去十年，馬克斯主義哲學家很聰明地利用了日本大學中自由教授的身分取得他們部分的支持者。直到最近，「日本哲學會」仍還被共產主義哲學家把持着，由這個組織所贊助的集會和會議中，聽到熱烈討論諸如「和平運動」、「控訴原子彈」等題目，已不是什麼不尋常的事了❼。

共產主義及馬克斯主義戰後在日本這麼流行，其原因是很不容易解釋，其中一個原因可能要歸因於日本出版界。在上次大戰前幾年及戰爭期間，許多左翼分子丟掉了他們在大學中的職位，轉任職於出版界。在這一領域中，他們的才幹大部分只被用於譯書及其他比較不具影響力的工作上。及至戰後，許多這些以前任過教授現仍留任在出版界，他們不久就升任重要職位，結果，今天日本許多出版社便以其「左翼」聞名。典型的例子如「岩波書店」。「岩波書店」是日本最大且最具聲望的出版社，在戰後便大幅轉向左派。自己公開宣稱是馬克斯主義者的粟田賢三，他負責岩波書店哲學書的出版，由此亦可解釋，岩波書店所出版發行量極大的《思想》雜誌，當時何以比共產黨

---

❼ 寺澤恒信、林禮二編：《現代ソビエト哲學》（《現代蘇俄哲學》，卷一 (1955)，卷二 (1956)，卷三開始改由同合出版社出版。我們無法詳細舉列俄文哲學書的日本譯本。最近日本出版的是一套多冊以精、平兩種裝訂發行的《世界哲學史》，共七冊，小功出版社，1958-1961。（原文是 *Istoriya Filosofii*, Moscow, 1957-1960，共五冊。）

的哲學雜誌《理論》顯得更接近馬克斯主義。

　　另外，馬克斯主義之控制日本思想的其他原因，人們常常指說是根源於戰時的狂亂。警察對文藝界的監視是那麼地澈底，以至於作家只要提及共產主義，便都會遭致直接而長久的物質沒收。警察對於這一主題的瘋狂注意的例子，我們可以以德國耶穌會士 Cathrein 的書爲例，他的著作雖然是批判社會主義的，但是仍被藉口即使是客觀批評也會將這種日本不樂意有的哲學提供給無知的羣眾而被沒收。戰時圖書館的目錄卡片中，河上肇、戶坂潤等人的著作卡上都蓋有「被警察沒收」的印章，今天人們可能相信，像這樣的事件，日本人可能不會輕易忘記，尤其是他們相信，他們現在所享有完全自由研究和宣揚馬克斯主義，並沒有得到政治上永久有效的背書。

　　對於日本思想家中廣泛背書承認馬克斯主義，其更直接，並且也許也是最具說服力的理由乃是因爲蘇聯，以及最近紅色中國的世界霸權的衝擊。此外，對於某些思想家我們還可很明顯發現到一種「擬似悔罪的情結」(the quasi-guilt complex)，這些人對戰前政府的慘酷方針沒有採取一種較堅定的立場來與之對抗而懺悔。最後，黑格爾辯證法的魔力以及許多社會的理由也不應該忽視。然而，這些影響所扮演的角色既是表面的，並同時也是極複雜的，必然地，其原因的分析必須留待更廣泛的研究。

　　戰後馬克斯主義者間的最大爭論問題有在「進步地」哲學雜誌《思想》占有極多篇幅的「社會主義（意即共產主義）下的自由」，以及有關形式邏輯與辯證邏輯的角色和價值。西元一九四七年蘇聯在史大林本人的命令下，形式邏輯重新編入教程中，結果引發了如何調和從前極被貶視的形式邏輯以及恩格斯所唯一強調的辯證法這樣的問題。在蘇俄，這個問題於戰後一直有爭論，直到現在仍還沒有達到一

個清楚的解決。但自史大林死後，形式邏輯事實上已被承認是整個哲學理論中的一個部分。 蘇俄之外的共產主義者， 特別是東德和日本也都討論了這個問題，日本有一些思想家並且轉向一個比其蘇俄的對手更甚的教條中去。其他不是共產主義者而只是對此辯論有興趣的人也對那些認爲可以併容的人提出尖銳的批評。關於這個辯證邏輯的問題，松村一人（1905-）的名字必須要提出。 他長久以來一直是位唯物論者，並且也是一位黑格爾哲學的學者，他是《ヘーゲル論理學研究》（《黑格爾邏輯研究》， 1946）一書的作者。他最近並連結着上述的辯論出版了一本書討論毛澤東的《矛盾論》一文❽。

除了松村一人外，其他突出的共產主義者及唯物主義哲學家，我們在以下篇幅中討論。然而，我必須先說明，這一名單並不完全，因爲年青一代的人數太多，我們只好將之略去。

在大學中引起激動而將之征服的一位共產主義者是東京大學的著名教授出隆。 出隆於西元一八八二年出生於岡山， 他畢業於東京大學，並於西元一九三五年受任爲正教授，接替其師桑木嚴翼的講席。在說明這一個人在宗教—哲學思想的全般變化，我們感覺很難在這麼短的篇幅中詳細分析。底下只不過是想在其生平間架中，藉着對其已出版的著作做一簡略的研究，以指出其觀點變化的一般傾向。

根據史威靈根（Swearingen）及朗格（Langer）兩人於其著書中也引用的一段出隆的自述，出隆之逐漸從基督教轉變成共產主義者，主要原因是來自於其實際的經驗，而不是對後者的哲學知性成就做過

---

❽ Ohe Seizo, Philosophy in Japan, in *Philosophy in the Mid-Century*, A Survey, ed. by R. Klibansky, Firenze, 1959, pp. 273-75.

松村一人：《ヘーゲル論理學研究》， 北遼館， 1946，《辯證法の發展——毛澤東の矛盾論を中心として》，岩波書店，1953。

透徹深刻的分析。他生於一個貧窮的武士家庭，他在就學階段便發展出對所接觸到的富商階級深感厭惡。雖然幸德秋水的《社會主義神髓》給他很深刻的印象，但他在年輕學生時代所夢想的是唯心主義式的及基督教的社會主義形式。他認爲，基督教是唯一避免掉迷信的宗教，正合他所遵信，他並認爲基督教是他所謂「最道德的宗教」，於是他開始參與教會的工作。在他於學院階梯由學生而升至副教授以至正教授，遍歷了英國、法國、及德國的思想後，他年輕時代的社會主義概念逐漸消逝了。取而代之的是希臘哲學，希臘哲學成了他主要，並且幾乎是唯一的興趣。出隆所譯的亞里斯多德《形而上學》；今天仍被推崇是最好的日文譯本。

不久即帶來苦難的戰爭給予出隆一個極大的影響，他並因目睹混亂而變得沮喪。出隆於是把學院的哲學，甚至於希臘哲學和基督教都看成是剝削勞動階級的工具。這種對學院的幻滅極澈底地在戰後仍持續很長一段時間，出隆曾想辭去其大學教職。西元一九四八年，日本共產黨應用「賣軟」（soft sell）政策圖在大選中爭取民眾的支持。出隆在一位鄰人的誘導下突然地加入共產黨，他對這次行動所給的理由是：他希望去除對社會改革「半生不熟、機會主義的觀念」，以及認爲馬列的實踐哲學更有效地爲解決社會錯誤提供了最好的方法。

了解出隆的人，即使有時碰到他以俏皮而譏刺的說法來講論，但對於他摻雜着羞怯和謙遜的紳士性格仍不得不予以一個深深的敬意。這些溫文的暴發的特性使人相信，出隆當時怨懟自己誤入基督教以及他早年在基督教的社會主義中探索的歧途。這種對其「基督徒時代」的憤懟，我們可以在其所編《神の思い》（《關於神的想法》）中看出，這本書可以貼上「證道」集的標籤或關於福音的一些宗教—哲學討論。在什麼程度下，出隆受過克伯（Koeber）的影響，這是很難確

定的。在上述書中，出隆予以他極高的尊崇。桑木嚴翼的批判分析哲
學對他的影響，在其小書《懷疑論史》中便較容易認出，他這本處理
希臘、羅馬的懷疑論的小書出版於西元一九三二年，不久前還曾再重
新印行。

　　出隆的宗教傾向可以從他翻譯普羅丁（Plotin）的 *Enneads* 一書
看出。他最廣泛被閱讀的書是《哲學以前》（1932），這是一本哲學概
論，並帶有些原創性。

　　由於出隆成了共產黨的積極分子，他對馬克斯思想或一般哲學的
貢獻並不是在於「進步的」，也不是在於原創性上。《哲學教程》
（1950）只不過是公式化依黨路線所寫的馬列哲學導論。這本書中有
一部分的寫作，出隆是遵循着史大林的《辯證唯物主義及歷史唯物
主義》這分曾一度被列入《蘇聯共產黨史簡明教程》（*Short Course
History of the Communist Party of the Soviet Union*），不過最近已
被取消掉的文章。現在出隆的主要活動是參與翻譯馬克斯或蘇俄哲學
的編輯小組工作。前面所提的亞里斯多德《形而上學》的翻譯，這是
他花費許多年辛勤工作所譯成的，最近並普及到書報攤上去了❾。

　　柳田謙十郎（1883–）以前亦是京都學派的一位成員，他是另一個
長期以來支持馬克斯哲學的著名教授而加入共黨正式黨員的例子。但
不同於出隆，柳田謙十郎表現得很坦率並相當外向。他是位多產的作
家，並且是位優秀的演說家，特別是在年輕讀者中吸引了一大批追隨
者。在他的《わが思想の遍歷》（《我的思想的浪遊》，1951）中——

❾　出隆：《神の思い》，角川書店，1948，頁6, 245–56；《哲學教程》，
　　光明書店，1950（青木書店，1951），頁93–130, 138ff；《懷疑論》，
　　角川書店，1948；《哲學以前》，岩波書店，1930。
　　R. Swearingen & P. Langer, *Red Flag in Japan*, pp. 194–95.

這是一本哲學的浪遊記，最近並譯成了俄文——柳田謙十郎描寫了他如何從唯心主義的立場轉變成唯物主義和好鬥的無神論。他的人生表現得很不尋常，他是三位子女的父親，但為了進京都大學，他辭去了他的工作。在京都大學他專攻倫理學，並在西元一九二五年畢業，他雖然聽了西田幾多郎和朝永三十郎的講課，但他的倫理學教授藤井健治郎的馬克斯主義批判卻給他最深刻的印象。當時的普遍潮流是新康德主義，克羅納（Kroner）的《從康德到黑格爾》（*Von Kant bis Hegel*）似乎給了他極深的印象。大約在西元一九二九年左右，他開始對菲希特發生興趣，柳田謙十郎說，對菲希特的研究幫助了他回頭去了解西田幾多郎，西元一九三五年，柳田謙十郎寫了一本書論述其老師的哲學思想。

西元一九四一年柳田謙十郎辭去在臺灣的臺北帝國大學的職位，返回京都，並開始在數個不同大學教課。他以前出版的著作《辯證法的世界の倫理》（《辯證世界的倫理學》，1939）及《日本の精神と世界の精神》（《日本精神與世界精神》，1939）和他對西田幾多郎的研究專著，使他輕易地打進京都的學術圈。戰爭結束，他加速地從拒絕國家主義理想和對倫理問題的興趣轉變到唯物主義，最後變成了共產黨員。

柳田謙十郎雖是一位才華洋溢的作家，他戰後出版的書幾乎涵蓋了哲學研究的所有領域；但此不即意謂他的著作是精深的。由於他的著作對於一般閱讀羣眾具有明顯的宣傳和指導目的，因此柳田謙十郎在學術研究的貢獻上並沒有得到深入分析或具有深刻見解的認許標記。雖然他鼓吹向蘇俄靠，訪問蘇俄，以及最近依附共產黨，但柳田謙十郎一直不被認為是共黨哲學家的「中堅」（hard core）。只有在將來才會顯示，這位不穩定的思想家是有其他「遍歷」發生，他也許

也可以稱作爲一位激情浪漫主義者❿。

　　戰前時代思想上由唯心論轉變成唯物論的另一個例子是船山信一，他生於西元一九〇七年，現任京都立命館大學教授。立基於京都大學的唯心論 (1930)，他很快轉變而寫出《觀念論から唯物論へ》（《從觀念論到唯物論》），以及西元一九三二年的《認識論としての辯證法》（《作爲認識論的辯證法》）。後一本書得到大井正的高度評價。大井正雖然強烈受蘇俄哲學的影響，但一直被認爲是日本現今最好的馬克斯思想史家。由此，大井正對船山信一的著作的評價是極富批評性的，而其焦點主要是針對船山信一的實踐概念 (concept of praxis)。大井正稱，船山信一的這一概念極強烈受到西田幾多郎的影響，甚至帶有法西斯主義對政治實踐的解釋的氣味。但這只不過是大井正針對船山信一的批評之一。船山信一對列寧的哲學的確也表現出有良好的把握。很明顯地，船山信一從來不被看成是正統的思想家，他自己也不自恃如此。然而，我們還要再說的是，除了翻譯黑格爾和費爾巴哈 (Feuerbach) 的著作外，船山信一也是一本以極學術態度寫成的明治時代哲學史的作者❶。

　　一位老牌的唯物論者是以前提過的三枝博音。由於三枝博音在「唯物論研究會」中所扮演的角色及其多卷討論日本唯物思想家的著作，我們當記得他。他並且也是一套重要的「日本思想全書」的編者。

---

❿　柳田謙十郎：《わが思想の遍歷》，創文社，1951，頁 72-77, 109, 124, 158, 171-75。
　　其眾多著作中，最重要的有《觀念論と唯物論》，創文社，1951；《倫理學》，創文社，1951；《歷史哲學》，創文社，1957。

❶　船山信一關於近代日本哲學的著作，我們已在注釋中指出過，並請參見書後參考書目。關於評論船山信一，見大井正：《日本近代思想の論理》，頁 206-08, 220-28；及田間義一：《近代哲學者論》，頁 209-21。

三枝博音的專長是科技哲學（philosophy of technology），他並由此構作他自己的唯物主義理論。三枝博音自信，唯物主義是在社會上由於民眾的基本物質需要所刺激而發的進步社會或技術發展與缺乏社會意識而與進步對立的社會「保守」成分交互作用而得的結果❷。

另一位嚴格意義的共黨哲學家是古在由重。他與他人共編多種書籍，包括最近出版的哲學小辭典著名。由於這本辭典印有岩波書店的商標，最近將可能會變成最暢銷的哲學辭典之一。

其他許多教授及學者要於此一一列舉，將占太多篇幅，我們只提大井正及山崎正一兩人的名字，山崎正一是東京大學的副教授，他經常與日本思想史中的馬克斯主義作家聯在一起。

分析哲學及其他潮流

戰後日本哲學思想的發展絕不只限於京都學派的追隨者及好戰的馬克斯主義者之間的鬥爭。有些日本哲學家引介分析哲學入日本，想在日本西方思想發展的全幅面貌中造成另一大潮流。這一方面的企圖已經有一個好的開始，並且也展現出未來發展的跡象。從西元一九五四年起，出版了一分年刊，其中收有關邏輯實證論、語言哲學、符號邏輯及科學哲學的重要研究成果——所有的研究都應用了分析的方法。這分年刊是美國哲學研究會（The Association for the Study of American Philosophy）的機關刊物。這個組織是戰後得到美國

---

❷ 三枝博音關於日本思想史的著作，我們已在注釋中舉列過，並請參見書後參考書目，他的其他著作有《技術史》，東洋 Keizai 出版社，1940；《技術の哲學》，岩波書店，1952；關於評論三枝博音，見田間義一：《近代哲學者論》，頁 102-13。

基金會的補助而成立的。該年刊雖然是以日文刊行，然偶而也收入一些由著名國外哲學家以英文寫作的論文，過去幾年刊出的有如 Sidney Hook, Everett W. Hall, Willard van Quine 等人的文章。故而，「美國哲學研究」可以看成是順着實用主義 (Pragmatic) 及最近的分析路線的哲學研究。

植田清次 (1902-) 是多年研究美國思想的學者，也是這分年刊的最適當編輯人選。尤其他是長期以來被認爲是日本實用主義中心——關於此點我們在以前的章節中已論述過——的東京早稻田大學的哲學教授。植田清次因其好幾種論述當代英美哲學的著作而享名。他的著作中如《經驗的世界》(1942) 及《行動的世界》(1946) 必須要提出來。這兩本書企圖對美國及英國的文化和精神做一個心理學的研究。但事實上，它們是一種思想史⑬。

英國哲學家中，在日本最廣泛被閱讀的是羅素 (Bertrand Russell)，他的全集最近已譯成了日文。維也納學圈 (Wiener Kreis) 在日本的代表人物有中村克己 (死於西元一九五二年)、平野智治、篠原雄及伊藤誠，他們現在都參與分析的運動。

在某種程度上與這種分析運動有別的是集中在戰後重新恢復的科學哲學會的思想潮流。它的機關刊物《日本科學哲學會季刊》自西元

---

⑬　植田清次：《行動的世界》，理想社，1946，頁 1-3。植田清次並且是《分析哲學研究論文集》叢書的編者，此書由早稻田出版部出版，各冊分題如下：

　Ⅰ.《論理實證主義》，1954。

　Ⅱ.《言語意味價值》，1956。

　Ⅲ.《分析哲學の諸問題》，1957。

　Ⅳ.《科學哲學への道》，1958。

　Ⅴ.《現代哲學の基礎》，1960。

一九五五年開始出版。科學哲學這一領域的前驅有石原純、田邊元。
根據大江精三的說法，田邊元一直是站在前線，主要是批評具有領導
性的數學哲學家末綱恕一 (1898-)。在空間直觀 (spacial intuition)
與時間行動 (temporal action) 的統一意義下，末綱恕一應用西田幾
多郎的「行動直觀」概念，因此他不贊同抽象的、形式的數學，他甚
至企圖把古典數學建立成「像是在自然數及線性延續的具體總體的基
礎上之帶有具體直觀意義一樣完善的封閉系統」。大江精三是東京日
本大學的教授，他聲稱他與末綱恕一同樣都採取「吾人外在知識的多
重結構」的知識論觀念。

　　大江精三也提及田邊元及諾貝爾物理獎得主湯川秀樹的物理哲學
的發展。其他寫過有關日本科學哲學及科學歷史發展重要史書的人爲
下村寅太郎和永井博❹。

　　在科學哲學及科學史領域中還有另一個著名的人物，他是任教於
東北大學的三宅剛一 (1895-)，三宅剛一以研究海德格哲學著名，但
在數學哲學領域中則深受羅素的影響。

　　除了致力於英美哲學及科學哲學的研究團體外，還有許多學術團
體，它們幾乎涵蓋了古代及近代哲學的每一分支。在這些團體中，有
些特別是針對過去或當代個別哲學家如斯賓諾莎 (Spinoza) 或雅斯培
(Jaspers) 的研究。中世紀研究學會，包括它的哲學部門及年刊也應
該特別提一下。日本的教父哲學及中世紀哲學研究，年代可以追溯到
克伯教授時期。他在這一研究路線上對岩下壯一 (1889-1940) 有很大
的影響，岩下壯一在戰前哲學界極富聲名，他畢業於東京大學。當留
學國外攻讀高等學位時，他決定成爲天主教教士。當時他的著作受到

---

❹ Ohe Seizo, "Philosophy in Japan," in *Philosophy in Mid-century... o.c.*, pp. 275-76.

哲學界及宗教界的注意。他最好的著作是《信仰の遺産》(1942)，在這本書中，他探討了許多宗教哲學的問題。

　　吉滿義彥 (1904-1945) 可能比岩下壯一更多產，他主要從事的是介紹馬理旦 (Maritain) 和吉爾松 (Gilson) 的思想到日本。同時慶應大學教授松本正夫，現在則以解釋多瑪斯主義 (Thomism) 著名，松本正夫在他的博士論文《存在の論理學研究》(1944) 中，企圖將各種不同的邏輯類型，包括基於亞里士多德範疇表而建立起來的辯證法加以存有論化[15]。

　　日本中世紀的研究中心主要是在天主教機構如東京的上智大學；在京都，有一批道明會神父合作翻譯聖多瑪斯 (St. Thomas) 的《神學大全》(*Summa Theologica*)。另外也有許多學者主動參予中世紀研究。在這個宗教哲學領域中最積極參予的是石原謙 (1882-)，石原謙多年執教於東北大學，後來被任為東京女子大學校長。石原謙是日本著名的奧古斯丁專家，奧古斯丁同巴斯卡 (Pascal) 一樣，在日本也普遍為人所閱讀。其他新教徒兼卡爾・巴特 (Karl Barth) 神學專家是瀧澤克己 (1909-)，他現任教於福岡大學。瀧澤克己也以研究西田哲學著名。早稻田大學的二戶田六三郎 (1907-) 則以其《信仰の論理——親鸞とパスカル》(《信仰的邏輯——親鸞與巴斯卡》) 一書受人注意[16]。

---

[15]　岩下壯一：《信仰の遺產》，岩波書店，1942；《吉滿義彥著作集》，四卷，みすず書房，1948-52。
　　　　松本正夫：《存在の論理學研究》，岩波書店，1944。
[16]　石原謙：《宗教哲學》，岩波書店，1922。
　　　　瀧澤克己：《カール・バルト研究》(《Karl Barth研究》)，東方書院，1941；《現在哲學の課題》，洋洋社，1953。
　　　　二戶田六三郎：《信仰の論理——親鸞とパスカル》，池田書店，1954。

　　現在我們要討論其他獨立於任何特殊哲學潮流並對日本哲學思想發展有重大貢獻的人，底下是最具代表性的幾位。

　　池上謙三 (1900-1956) 是東京大學繼承桑木嚴翼及伊藤吉之助傳統的教授。他的才能明顯地遠超過長串名單的戰後思想家。池上謙三的興趣一直是集中於知識論問題上，並且比他的前輩更表現出其研究的獨立創造性。雖然池上謙三出版的第一本書是討論邏輯，但他的其他著作則表現出以現象學爲根源的知識論取向特徵。他的意圖是想把所有各種形式的知識系統轉化成一種存有論的和基本的自我意識。在《文化哲學基礎論》(1939)一書中，他把創造性的知識看成是一種人類的文化活動。在其主要著作《知識哲學原理》(1946)，池上謙三嘗試系統化，或更好說是如自我知識藉不同形式的知識：藝術的、文化的、科學的而呈現出來之處，提出自我知識的普遍原則和方法。後面一點在其《哲學概論》(1952) 的最後一章也有很好的說明，他這最後一章處理了最高級的知識形式。 池上謙三卓越的生涯因癌症而中止。他在語言哲學的研究也很受人注意❼。

　　金子武藏 (1905-) 畢業於東京大學，首先任教於東京法政大學，西元一九三八年返回母校任教，接替以前和辻哲郎的倫理學教席。金子武藏的基本立場是出自於黑格爾，對於黑格爾，他曾出版一本書討論他的國家理念 (《ヘーゲルの國家觀》, 1944)。黑格爾的《精神現象學》對金子武藏的影響，我們在他的晚期著作亦可以感受到，雖然人們相信戰後流行的存在主義已在他的思想中打上了標記。除了參與《倫理學事典》的編輯工作外，他的倫理學理論可見於其著作《實踐哲學への道》 (《實踐哲學之一道路》, 1948) 及《近代ヒューマニ

---

❼　池上謙三：《文化哲學基礎論》，岩波書店，1939；《知識哲學原理》，岩波書店，參見序文；《哲學概論》，有斐閣，1952，頁 295-346。

ズムと倫理》（《當代人文主義及倫理學》，1950），他討論實踐哲
學那本書書名是依著前一本《形而上學への道》（《形而上學之一道
路》，1945）而取名的。這兩本書——一本談論實踐，另一本談形而
上學——雖然都是由一系列已發表過的論文結集而成，但它們仍表現
出一個明確的統一性，都是基於一些明確的形而上預設。金子武藏的
形而上學受到亞里斯多德的浸潤不如黑格爾的精神辯證法多。於此，
也可以看出謝林對他的影響。東方思想對金子武藏的思想也有影響，
並且這些東方思想的因素也表現在他的著作中。未來的日本思想史
家，無疑地將要以很多篇幅來談論這位深刻且複雜的思想家❸。

　　大島康正（1917-）是東京教育大學的倫理學教授，並且是《新倫
理學事典》（1961）的編者。他並寫了許多討論倫理的及文化史的問
題的書。大島康正在倫理學上最具學術性的貢獻是西元一九五六年出
版的《實存倫理の歷史的境位——神人と人神》（《實存倫理之歷史
的界限情境——神人及人神》）。如同他在長序中指出的，本書書題
當德譯爲 *Die geschichtliche Grenzensituation der Existenz-Ethik* 或
英譯爲 *The Historical Limit-situation of the Ethics of Existence*。
這本八百多頁的大書可以由書題推定是談情境倫理學，特別是雅斯培
的。海德格及齊克果也都有很長篇幅的論述。

　　關於副標題「神人と人神」，大島康正是引介了貝德也夫（Ber-
dyav）經常使用的杜斯妥也夫斯基的一個概念（事實上是 V. Soloviev
的）。然而大島康正則把它用作爲一種辯證法的概念，以研究歐洲的
文化精神。

---

❸　金子武藏:《ヘーデルの國家觀》，岩波書店，1944；《形而上學への
　　道》，筑摩書房，1945；《實踐哲學への道》，岩波書店，1948；《近
　　代ヒューマニズムと倫理》，啟蒼書房，1950。

在此一簡略的敍述中，我們無法希望能對這本書的豐富觀念和洞見加以分析。對於日本戰後熱烈討論的道德教育問題，大島康正以較簡略的方式來區分，並且也是較爲典型的觀念，具見於其《てれからの倫理》（《明日的倫理》，1953）一書中。大島康正直率地贊成道德教育，當時人若如此做的話，左派教育學者便會扣上反動和反開化的帽子。左派人士的論點以爲，在小學及中學鼓吹任何道德教育，事實上就是回到戰前黷武的意識型態。大島康正的倫理學是建立在「主體性」上，這種「主體性」必須完全建立在自由、民主思考和行的間架上。

大島康正在《てれからの倫理》以考察日本如何避免陷入同化於西方觀念以及維持東方傳統的好處作結。倘若這些說法能觸動左右兩派的心坎，無疑地將會造成一種流行於日本文化中的新精神，對大島康正的思想的進一步考察，我們在下一章結論中將再稍略述及[19]。

務台理作的第三人文主義

這章以存在主義及馬克斯主義爲戰後具支配地位之潮流，在結論部分我們也許可以把務台理作的思想當作上述潮流的綜合。他於西元一八九〇年生於長野縣，在田邊元死後，他被認爲是現存老一輩中最重要的哲學家。務台理作於西元一九一八年畢業於京都大學，他的導師有著名的學者如朝永三十郎、西田幾多郎及波多野精一。西元一九二六年到一九二八年前往歐洲留學，他於福來堡大學（University of Freiburg）在胡塞爾門下拓展了他的領域，此亦可幫助我們了解他早

---

[19] 大島康正：《實存倫理の歷史的境位——神人と人神》，創文社，1956，頁 7-65；《てれからの倫理》，至文堂，1953，頁 192-211。

年之對現象學的興趣。他從歐洲返日後，被任爲在臺灣新建立的臺北
帝國大學的教授。自西元一九三九年起他任教於東京文理科大學（現
今東京教育大學），並就任校長職位。一位日本哲學史家田間義一稱
務台理作是文理科大學學派的奠立者。務台理作之得到其學生高度的
推重（包括作者在內），並不僅是他人格上奉獻且和樂的特質，並且
也是由於他對哲學問題的良好把握及解說的清晰之故。

務台理作一直對現代人的活生生問題感興趣，並且也一直嘗試穩
立因戰爭的衝擊而完全喪失之人類歷史經驗的深刻哲學基礎。從這一
令人感傷的經驗出發，他發展出了他稱之爲「第三人文主義」的理
論。這一稱呼是取自於他在西元一九五一年首次發表於《思想》雜誌
二月號的一篇文章。這個理論一方面在某種程度上反對於文藝復興的
人文主義，另一方面也反對康德的抽象的理念。這一篇文章後來發展
成一本書。他的和平主義、反對日本在戰後的武裝自己，以及其他如
參與公開爭論，使得許多以他早年因隸屬於京都學派而認爲他相當保
守的人感到驚訝。務台理作的「第三人文主義」遲早要變成普爲人接
受的觀點。這個觀點倘若從其已出版的著作來考察，它並不是如乍眼
看去那般是存在主義與馬克斯主義的折衷結合。正如底下要解釋的，
它更是西田幾多郎與田邊元兩人立場的進一步發展，並且以一種可以
說是根植於傳統的新穎經驗來柔化。

《哲學概論》（1958）是務台理作在戰後最用心的著作，其他的
著作如《文化と宗教》（1947）、《現代倫理思想の研究》（1956）都
是文集。務台理作爲順應要求，同樣大量地爲雜誌和報紙寫作，由於
這樣大量生產，他的作品在質上便有一個不平衡的發展，有時候甚至
與暫時性的政治問題混淆不清。

務台理作在其《哲學概論》中所發展的觀念，現在可以在其一篇

簡短的文章中見到, 這篇文章已由日本聯合國教科文組織（The Japanese Commission for UNESCO）譯成英文, 題爲"Two Conditions of Human Reality"（人類實在的兩個條件）出版了。如同在《文化と宗教》中所指出的, 務台理作相信過去的日本哲學大部分是哲學史, 他現在關心的是找出一種與「人類」概念關聯在一起的「全體的人間」（全人）的哲學。只有最近的歷史經驗才會是一個能使得哲學家注意的活生生概念。過去的人類概念太過於抽象, 並且也沒有在兩個基本的「人間現實」──也就是實存的或個體的條件以及人的社會面──中作用而完全實現之。眞實的人（德文 menschliches Dasein）能夠且必須要超越他所生活着的歷史境況, 對個體來說, 雖然實存的一面與社會的一面辯證地相連在一起, 但其中一個並不需要或解釋另一個。在這種意義下, 馬克斯主義是取人之一面而過分強調人的社會限制。另一方面, 對務台理作來說, 就這個範圍講, 社會性（sociality）在某種意義下是一種基本的源流, 因爲它拒斥實存及個體。在考慮到「全人」時, 這兩種成分也必須討論, 因爲這種整體性是居於由上述二因素所限定的「眞實的人」的較高層次。換句話說, 整體性對務台理作來說, 意卽是超越性, 也就是克服人的實存條件及社會條件, 以及創造新的歷史前景的潛能。實際上實存是在社會條件下人間化（humanizing）及創造的因素。

於此, 務台理作以一種新的人類概念作爲「全人」的調解因素。要了解「全人」, 我們必須要有一個理性的人類概念。這種理想的人類概念是一種「種的類型」（a genus type）, 西田幾多郎及田邊元都不曾用過。西田幾多郎過分強調個體概念, 因此他的人「類」（the genus mankind）是一種非常抽象且神秘的字眼。相反地, 田邊元指出「種」（species）或國家作爲個體的社會條件因素的重要性, 然而,

他過分倡言「絕對無」來解釋「種」，因而苦於缺乏歷史條件。對於務台理作來說，田邊元的「種」只有邏輯價值，並且他無法看出其所牽涉的歷史因素。結果爲要糾正田邊元的「種——國家」概念，務台理作代之以其自己的解釋。在田邊元的辯證法中，他也相當強烈地拒絕黑格爾的國家概念，並認爲只有人作爲中介者才能避免集體主義的危險。依此方式，國家的私己自我中心（self-egotism）因正確的和平及人類福祉的影響而受到限制，並且人類的自由也得到保障。對於這種把人類當作爲一種中介概念的邏輯考慮，務台理作再加上了「人道」（humanity）的歷史考慮。因此，對務台理作來說，純粹抽象的和邏輯的概念被拿來適應於實在的全幅尺度。根據務台理作的說法，赫爾德（Herder）和康德單只在人的本質的光照下把人類看成是如同從人的歷史內容中割離出來的個體之部分，純粹理性及理性主義即存在於這種集中於此種人觀的歷史洞見之核心中。

甚至狄爾泰（Dilthey）、文德爾班（Windelband）及李卡特（Rickert）的著作中，我們有的也只是這種純是邏輯的歷史內容。尼采（Nietzsche）、存在主義，及兩次世界大戰的結果，愈來愈把我們帶到一個新的世界社區意識的舞臺前，一羣和平的人類企求建立一個國際的團結。這是一種新的人類意識，它並不會摧毀個別國家的自我認同，但能努力地朝向所有人類和平的方向前進。

在西元一九六〇年出版的《人間の倫理》（《人的倫理》）中，務台理作信奉一種建立在其全人概念上的幸福主義（eudaemonism）。根據務台理作的說法，人的幸福乃在於其道德實踐動機是要助成世界和平這一概念上。尤其，幸福主義乃是以高度肯認人道（humanity）及人身自由（personal liberty）兩項以追求獲取人的幸福，以及藉由社會性（sociality）及實存性（existentiality）的整合而來實現。

務台理作的這些崇高理想不單只是爲人所尊崇而已，並且在哲學上，其邏輯結構也不乏原創性和一致性。然而其脆弱處可以說是在於他過分想矯正西田幾多郎和田邊元的立場，因而務台理作在他的理論中過分強調了偶然的歷史應用。上一次戰爭的悲慘經驗給予了吾人一種較實在論的人文主義靈感。人們將會感到驚訝，「第三人文主義」所宣稱的樂觀道路，何以竟然潛藏着這麼多的烏托邦思想[20]。

---

[20]　務台理作至 1951 年的著作目錄見於《現代哲學の基礎問題──務台理作博士論文集》，弘文堂，1951，頁 317-18；重要著作有《文化と宗教》，弘文堂書房，1947，頁 77-79；《現代倫理思想の研究》，未來社，1956；《哲學概論》，岩波書店，1958，頁 41-45, 172-75；又請參見《思想》雜誌，第二期，1951，頁 89-101。及其所著《第三ヒューマニズムと平和》（《第三人文主義及和平》），培風館，1951，頁 1-36；《現代のヒューマニズム》（《現代的人文主義》），岩波新書，1961；《人間の倫理》（《人的倫理》），大明堂，1960，頁 183-92。務台理作文章的英譯: Mutai Risaku, "Two Conditions of Human Reality," in *Philosophical Studies of Japan*, Vol. 1, 1959, pp. 13-31；關於評論務台理作，參見田間義一《近代哲學者論》，頁 13。

第八章　結論——西方哲學之於東方文化

觀念與哲學的誕生及其傳播

在這本概論將結束之際，讀者可能會要求結算一下我們所討論這百多年來的日本哲學。尤其讀者可能覺得有資格對諸如西方思想日本化或東西方哲學會合的可能性做一些評判，以及指出今天已在文化及政治世界中流行的思想潮流。我不是要洩讀者的氣，但我要立即指出，我雖然粗淺地對日本現代哲學提出了一些嘗試性且必要地一般化，但我認為，前面所提的一些問題是很複雜且經常與思想不甚有關係，並且較高的智慧並不在於去撰述討論它們，而是嘗試藉着重複新聞人員或業餘愛好者未加管制的一般化來解決它們。

然而，由於有太多著作討論這些問題，並且畢皆相當自信，因此消極地把一些最平常可能會把懷有過分野心的比較文化學生吞噬掉的陷阱指陳出來，也許是有些益處的。這一消極的取向——我們必須很艱辛的說出——將不會把我被指責為怯弱屈服之中拯救出來。於這種誤入「一般化炎症」(generalization-itis) 歧途的罪過中，我鼓勵讀者對我的一般化採取打折扣的態度。換言之，這一章的課題，我將否

定並且嘗試偶而提醒讀者：我覺得必須超越之的少數積極判斷乃是建立在雖好但不切合的材料上。讀者在思想史的領域中，不必然可以期待得到一個卽使我們以較寬鬆且較具人文主義意義來解釋科學時而仍能具有「科學」的有效性的命題。

對於這種急躁一般化的典型例子，首先我要舉出人們認為過去及現在日本思想缺乏原創性這種未經深思的命題。過去的東方學者差不多都是印度或中國學者，而不是研究日本思想的專家。結果便傾向於把日本佛教和日本儒學輕看為較不具重要性的副產品。面對這樣的巨人兄弟，日本看來確實像是一個小侏儒。早期的日本學者如張伯倫(B. H. Chamberlain)散播着日本民族少具有抽象思考能力的觀念，後來的外國專家，乃至於一些喜歡強調日本在其情緒及藝術成就的獨特精神的日本人，使得這一急躁的判斷變得顚撲不破。

我不想以過去所認為那樣，以他們沒有詳細研究早期日本思想家的思想，因此其說法不鞏固來拒斥這種評價。如同現代哲學所達到的，我們必須說，思想家如西田幾多郎、田邊元、高橋里美、和辻哲郎、波多野精一、三木清及務台理作等人，在世界哲學上當占有一席之地，至於這些最優秀的人是否能與西方最偉大的現代思想家相比，很明顯地，這是個未決的問題，但也決不是因為當代西方思想家的地位非常有爭論之故。無論如何，我們可以確定地說，日本過去百多年來所引進的西方型態哲學活動，在很短的時間裏已經造出了許多新的術語、新的體系，乃甚至新的邏輯。

自然地，倘若以全球性的系統，如印度的、中國的、及整個西歐的作為哲學活動的評價標準，那麼日本確實表現得不甚好。然而若不把整個西歐當作一個單位，而是以個別的國家來考慮，那麼在西方我們將也可以看到許多的「日本」。這也就是說，過去和現在，其他許

多國家也沒有創造出偉大的哲學體系。

　　本章末頭我將要詳細考察這種哲學創造的問題，現在我要指出第二個該當無悲其亡的急躁一般化的典型例子。這一個以許多不同形式出現，主張日本只發展出了唯心的或保守的意識型態的「解釋」，戰後社會主義，或更好說是馬克斯主義心態的批評家，因在東方傳統中沒有找到唯物主義思想以及更缺乏的民主概念而感到懊惱，他們對此現象的解釋表現得與其戰前的狂熱國家主義「同道」之想於日本文化中隨處找到原創和深刻思想的幻想一樣之多。這些「進步的」思想家中，有一位日本大學的教授山崎謙，他請日本人以「頭腦」來想，並解釋說：過去日本哲學的「貧乏」乃是由於思想被官僚獨占，沒有普及於羣眾，因此只是絕對主義的作用而已❶。似乎由於這個原因，馬克斯主義的哲學家所寫的書便題上一個誘人的標題「百萬人的哲學」。

　　前文已提過的唯物論哲學家兼日本思想史專家三枝博音，他採取一種相當寬鬆的文化觀點，以說明日本何以在過去不曾發展出西方意義的唯物主義及哲學來。三枝博音追溯到北畠親房在西元一三三九年所寫的《神皇正統記》一書，這本書記載着日本從神話時代至作者時代的天皇傳承史。在這本六個世紀以前的書中，三枝博音認爲已經很穩固地建立了他認爲阻礙唯物主義興起的主要障礙，也就是神性的本源及日本國體。統一在「君子不死の國」（君族不死之國）的和諧整體下的日本精神，它無法允許個人表現自由和進步的思想。深深影響着日本生活的佛教、儒家、藝道等所創造的文化，則太柔順地變成了上層統治階級手上的一種工具。

　　三枝博音更進一步再問，何以不只是日本，並且普遍在東方一直

---

❶　山崎謙：《日本現代哲學の基本性格》，文省社，1957，頁 9-28。

都很少有唯物主義哲學。例如，印度雖然發展了數學，但並沒有用到
技術上，因此（三枝博音認爲）沒有生長出唯物主義，因爲唯物主義
及進步的思想是從人的技術需求與保守的時代潮流的衝突中發生的。
三枝博音並且引用了明治時代的唯物論者中江兆民的說法，中江兆民
認爲在東方沒有形成明確的論題（「主義の確立」），邏輯也沒有在
東方生根。三枝博音比中江兆民更熟悉印度思想，因而能從不同的態
度來考慮東西方的特性，而做出他關於東方思想缺乏唯物主義的最顯
目解釋。"Nature" 一字在日語中是用漢字「自然」組合成的，依三
枝博音的看法，它意指一種自發的歷程（「自ずから然る理」），在
這種歷程中，人被收納而成爲一物；在另一方面，西方把人視爲自然
的征服者，自然則被表示爲一種相對於主體的客觀實在。在梨俱吠陀
（Rig-Veda）的思想中，則以完全不同於希臘哲學的非現實字眼來表
現事物的基本成分。卽使中國極其實踐性的社會哲學，也絲毫不能與
希臘的 "physis" 或羅馬的 "natura" 相比較。然而在其哲學核心中
仍可找到遍存於一切事物中的抽象的「理」❷。

　　三枝博音的考慮不像中江兆民一樣急躁地做一般化。然而仍有別
一種意義橫掃千軍般的一般化圍繞着東西方的整個思想。對抗這種整
體潮流，讀者可參考中村元對此問題更系統且網羅了更豐富材料的重
要著作《東洋人の思惟》一書。從中村元的著作，以及另一位東京大
學教授川田熊太郎的著作中，讀者首先學習到諸如「東方心靈」或
「西方思想」這種一般化的膚淺性。西方及東方的專家都知道，這種
術語只不過具有地理上的意義而已。中村元及其他所有這一領域的專
家都反對以一個術語把印度、中國、西藏及日本的思想生活歸併成一

❷　三枝博音：《日本の唯物論者》，上引，頁 11–38。

種思考方式。每一個民族都有其自己的特徵，以「靈魂的」或「神秘直觀」來談東方心靈，以用來與西方的「唯物主義的」或「實證主義的」心靈相對立，這就會無知於東西兩方都充滿着不同且對立的潮流。今天沒有專家敢肯定地說，存在着某些特徵毫無例外地爲整個東亞民族所共分享。對不同民族的詳細分析可以顯示出，即使在某些共同的宗教背景下——這種背景（我們亦可順便注意一下）之所以相同主要是因爲沒有詳細分析之故——仍也有不同的特徵❸。

　　在西方，文化現象的社會一人類學研究有極好的進展，大部分學者都反對任何形式的文化全體主義，整合主義或生物 —— 有機式的統一（holism, integralism, or biologico-organicist unity of culture phenomena），有些作家甚至鑄造新字以表示個別文化的複雜性。索羅金（Sorokin）稱之爲「文化的聚積體」(cultural con-geries)，古爾維奇（Gurvitch）則稱之爲文化特徵的異質（"hetero-geneity" of cultural traits），德國社會學家則追隨阿弗烈・韋伯（Alfred Weber）稱之爲「定置的狀況」(Konstellation)，而美國人類學的祭酒克魯伯（Kroeber）則曾指出墨西哥文化至少有五個「文化層」(cultural strata or layers)，歷史家（我們只舉兩位新近的例子）如馬洛（Marrou）及巴拉克魯（Barraclough）則對所謂的文化及文明的統一抱持相當懷疑的態度。

　　從這些考慮出發，我們可以適度地總結：文化在地理上及時間上的外延愈大，則對它們的一般化愈少有意義。因此，對於「東方」或「西方」的評斷，其圖畫式的說明幾乎與具有可定義性的命題不分。很明顯地，所謂「超文明」(super-civilizations)，或如「東方」及

---

❸ Nakamura, Hajime, *The Ways of Thinking of Eastern Peoples*, Japanese Commission for UNESCO, 1960, pp. 623-44.

「西方」等詞事實上各包括了半個地球並經歷了千年的歷史。

甚至中村元的嚴蕭著作也時常因過分一般化而受到破壞，因為我們可以於其中發現到涵蓋着相隔百年，甚至千年之久的統括證據和引證，這彷彿就像是以一個相同的標籤或「理想類型」來涵括變化相當大的文化潮流。於這麼長的時間間距中，即使外表表現得相當靜態的東方社會中，其思考方式也不能被化石化爲一條公式，一個時代的術語及表達方式可能被保留在後來的時代，但其中經常涵有與過去時代，或甚至不久前時期不同的意涵。

現在我們回到文化的誕生及哲學觀念的問題上，或更好說是回到文化現象與哲學的相互關係上。依我看來（因爲沒有基礎穩固的「想像」理論支持着普遍的文化誕生），我們只能考慮一些克魯伯的名著《文化成長的構成》(*Configuration of Cultural Growth*) 中的說法。

首先，克魯伯清楚地指出哲學創造性的「斑點」(spottiness) 或「稀少性」(rarity)，印度、中國、東地中海區（希臘及阿拉伯）及西歐都曾是哲學活動的中心。其他許多文化則沒有產生任何偉大的哲學。其次，這種創造性並不是很長期地持續着，它出現，並在二、三百年的活動後，沒有什麼特別理由地消失或斷絕。第三、不管地理的、種族的、經濟的，或技術的原因，甚至文化的其他精神面的普遍繁榮，一概都不能解釋新哲學的興起或哲學活動的新浪潮。

在這個觀念誕生和傳播的有趣歷程中，我們發現不到眞正的類型，而單只有法則。倘若西方的中古哲學及印度的思想是生自於宗教中，希臘及中國哲學則在這個子宮之外出生。然而阿拉伯——回教世界中，哲學家與科學家的某些關係，我們在印度、中國及西方中世紀世界中也找不到對等的例子。文字雖然是文化發展的重要工具，但似乎與哲學思想沒有什麼關係。美索不達亞 (Mesopotamia) 及埃及

的文字雖然在數千年前即已通行，但是這些地方沒有產生哲學。希臘哲學開始自希臘人學會書寫後大約三百年，中國哲學出現於中國文字出現後大約六百年時；然而，印度的有系統思想則幾乎比印度文字還早出現。「歷史唯物主義」(historical materialism) 或其較精細化的翻版「經濟唯物主義」(economic materialism) 必須解釋，何以希臘化的亞歷山大花費所有的財富，卻創造不出可以與柏拉圖及亞里斯多德的雅典相比的成績，或者何以伴隨着蘇俄的經濟成就及技術成就而來的是少有的「哲學的貧困」(poverty of philosophy)。然而，即使將技術──經濟的解釋擱置不問，而文化極其繁盛的文藝復興何以也沒有產生偉大的哲學家呢❹？

　　總結這一點，我們必須坦白地指出，哲學活動的爆發不但是一種稀少的現象，其過程也極不規律，和不容易與其他文化面相關連，並且也是一種文化的謎，對於這個謎，還不曾有人給過一個令人滿意的解釋。關於那些辛苦研究這種問題的人的積極成果乃是摧毀掉過去想以不充分的說明解釋這一極富爭論之問題的理論。只有未受蒙教的人才會低估這種似乎不足取的發現的重要性。

　　當代文化人類學的另一個貢獻──亦即一個可以幫助我們了解日本文化價值的理論──是對如「外借」(borrowing) 這樣一個貶義的字眼的重新評價。很不同於文化中低層次的記號，外借和將外國的特色，特別是文化系統加以同化的意願被解釋成生命力的明證。用一位專家傅格森(A. Ferguson)的用語說，「文化的改觀」(acculturation of culture) 乃是一個民族「經常外借其所想發明的」文化現象的同化，它很不同於被動的受納性，尤其是它涉及到局部的適應性，也就

---

❹ A. L. Kroeber, *Configuration of Cultural Growth*, Berkeley and Los Angeles, 1944, pp. 75-94.

是一種創造性。那些看輕日本人的「外借」的人當然主張，外國的因
素被擺置到原來的文化上，而不是和諧地同化之。撇開明治以前的
「外借」問題，而單只考慮西方形態的哲學的輸入，我不認為我們能
夠否定新形態的哲學思考已在日本生根，並且在可以稱之為原創性的
新論題和新構作方式中開放出花朵的事實。稍後在討論到最近日本哲
學的特徵時，我將再回到這一點上。

現在討論到思想的傳播，我們必須承認，過去以及最近的日本哲
學發展中，社會——政治的情況並不是經常適合於外來文化系統的散
佈。例如德川家的政治力量，在它喜歡某一特別品牌的儒家時，便限
制基督教的傳播。然而，在社會——政治領域中尋找到一系統之散佈
或歪曲及吸納等外在原因之前，我們必須考慮其動力及自我肯定的邏
輯內涵。無論如何，西方思想的內在邏輯動力優勝過德川家的鎖國政
策。一個系統的文化衝擊也可能優勝過一個太過於靜態的神話般的國
魂概念。由於怕「日本心靈」(Japanese Mind) 一詞受到誤解，我
要立即再加上一句話：它並不被看成是一種有機的實體，但確實是一
種一代又一代被形成、被改變並且再生出來的文化現象❺。

倘若我們心中常存念着這一點，那麼我想，我們便能更經濟地解
釋，何以自明治時代以來當作新知而被輸進的西方哲學，何以一直維
持原來的樣子，而絲毫沒有以佛教或儒家的範疇加以日本化。熱心的
日本人出國找尋一種新的思考方式，他們並不以他們採取某些新且不
同的東西感到不安，也不以精熟西方哲學而感到不安。對於一種風潮
的適應發生了，但接着來的是一條以前日本思想家從不曾探尋過的新
路。新酒被倒進入舊瓶中——倘若你願意如此說的話——但是舊瓶雖

❺ P. Sorokin, *Social and Cultural Dynamics*, Boston 1957, pp. 630-46.

然是由日本的泥土所塑造的，但是在接受新酒時已改變了其外貌。

　　過去一百多年來，西方與日本哲學家間的相似點比相異點多很多。我強調這幾點，部分是爲喚起對那些想解釋，何以在日本不是唯物主義，也不是實證主義，而是德國觀念論盛極一時的不適當論點的注意。

　　首先，唯物主義及實證主義沒有在日本得到發展的說法是不確實的，它們只不過沒有獲得成功罷了。其次，德國觀念論（這個詞是一個全體主義且過分寬鬆的概念）並不想要他人主張交給它的勢力。最後，P. Lüth 對於各種觀念論——日本靈魂及德國 "Geist" 間的相似性質——之比較而對其之繁盛所給的理由，以及以政治因素爲接受觀念論的理由的解釋，其見解實只不過是信念而已，事實並不支持他們。日本西洋哲學的拓荒者如西周及津田眞道所引進的是他們在國外所發現的經驗主義和實證主義，加藤弘之宣揚的是當時流行於西方的達爾文唯物主義。以後的年代中，日本的哲學家逐漸發現到德國哲學在諸種形式上的豐富性，他們開始吸收並宣揚所有各種形態的德國思想，從其最唯心主義的流派到最唯物主義的，在某種意義上可以說，沒有別一個國家能像日本一樣誇稱擁有這麼多的流派。日本哲學於過去一百多年，在一般文化傳承的發展中顯示出有許多不同的傾向，這些傾向乃是被總括成某些特殊流派的眞正問題所在。這是另一個文化現象不是嚴格相互連屬，以及文化的某一面的改變對於同一文化的其他面沒有什麼影響的一個明證。

　　日本曾有如井上哲次郎、紀美正平這樣的國家主義的哲學家，他們經由政治的意識型態得到啟發，而表現於其哲學中；同樣無可否認地，有些京都學派的哲學屈從於政治的壓力。然而這些事實並沒有解釋，井上哲次郎何以採取「同一」（Identität）來克服唯物主義和唯

心主義，也沒有解釋，何以紀美正平喜愛一種特別品牌的黑格爾辯證法。我們絕不能忘掉，過去三十多年來這麼富有創造性的德國哲學並不只影響了日本，並且還有世界上所有的國家。倘若我們對此問題再接近一些來考慮，那麼我們將要問，何以東京大學這一個日本最重要的學術中心沒有對其對手京都大學的特徵主題大加攻擊呢？基於康德研究的批判心靈支配着東京大學，這種形態的唯心主義不但塑造了堅定的民主主義者如桑木嚴翼，並且國家主義的潮流也不曾得到東京大學教授的支持。我們也許可以問那些鬆泛把「特殊的相似性」及政治意識型態作爲了解日本吸收西洋哲學的人，何以第一次世界大戰後，許多日本留學生帶回家的並不是保守的德國思想，而是如三木清那般，反而更多地從海德堡(Heidelberg)帶回社會主義和馬克斯主義。

最後談觀念的傳播這個主題，對此我要指出，我們的考慮若完全根據一般文化的理由來解釋哲學家之所以選擇某一思想路線，那麼這些理由與哲學史的學生沒有什麼相干。倘若我們以西田幾多郎作例子來考慮他所開展的哲學思想，那麼我們可以確定，他最一般和具啟發性的骨幹乃是來自於大乘佛教及禪這一背景。然而，這個背景並不給予我們線索，說明西田幾多郎在研究西方思想家時何以從詹姆斯(James)和柏格森(Bergson)下手，然後經由菲希特(Fichte)和黑格爾(Hegel)，而最終創造出「場的邏輯」這一個雖是由許多其他思想啟發，但結柢上仍是西田幾多郎自己的構作。換句話說，我們不能藉着指出偉大的哲學家所根植的文化土壤來說明其思想花朵的盛放。我們必須更向前走和考慮：是誰耕耘那塊土地？下的是什麼樣的雨？以及——最重要地——種子的內在性質，也就是偉大思想家的創造性及珍貴的進路是什麼？

日本哲學的一些特徵

懷疑一般化，但卻無法逃避描述最近日本哲學的類的困境，我將自我限制於一些不裝作已窮盡其底的觀察上。我們回想一下這一時段開始之初，日本思想家原本的課題乃是澈底研究西方從泰利斯（Thales）起到沙特（Sartre）止所產生的一切事物，以及為他們在別的領域的同仁，或更廣地說，為一般知識大眾解說「新思想」。他們做了一件盛大的工作，這是沒有疑議的，而且就因為他們的成就，我們才能解釋這百多年來所引進、傳播，以及各種不同程度適應於本地的各種哲學潮流。許多日本哲學家並不只是西方思想的承銷商，其中最具創造性的思想家開始從事供應被認為是東方哲學中最缺乏的部分，也就是一種能使他們與西方哲學家相競爭的新邏輯。在這一探索上，一些最優秀的心靈，如西田幾多郎、田邊元、高橋里美、務台理作等人花費過，並且還繼續花費很大量的時間和精力於此。哲學界中，早期康德主義的流行，以至於現代時髦的分析邏輯，根本上都同樣是希望搞出一套新邏輯的表現。

以尋索新邏輯這命題作為現代日本哲學最顯著的特徵，它招致了一個異議，這個異議相反地經常重覆強調日本人天性上即幾乎不傾向於邏輯思考。中村元在其《東洋人の思惟方式》中有一章以極大的篇幅討論日本民族的「非理性傾向」。這些傾向可以歸納成下面幾點：輕視邏輯法則，缺乏邏輯一致性、缺乏構作複雜觀念的能力，和缺乏以簡單符號表達的興趣，輕視客觀秩序，以及一個與愛好直觀的和情緒性的思考方式有關的一般的不成熟邏輯❻。

---

❻ Nakamura, Hajime, *The Ways....* o.c., pp. 462-527.

不管中村元的說法是否可信，我不想做爭論。然而，若日本哲學及其思考方式是根據街頭上的行人或是從文學或宗教構作來研究，那麼我們將可以勾畫出一幅完全不同的圖畫。事實上，被西田幾多郎描寫爲日本典型的「情的文化」的確是預設著一種情感及直觀推論的邏輯，而不是一種概念和定義的邏輯。我們也必須承認，西方讀者在西田幾多郎、井上哲次郎、紀美正平等人的思考方式中將發現許多非邏輯的變調（alogical transition）。

然而，西田思想中的這一面（於此與他有關的）並不是他最強的。尤其，正因爲「非邏輯」這一點，引發桑木嚴翼及許多其他哲學家多少公開地表示對京都學派創立者的鄙夷，以及以相當批判性的康德知識論來對抗它。新形態的與過去的邏輯的關係提出了一個不接受對問題的簡單解決的態度。

船山信一把唯心論者的邏輯判定爲是建立在佛教「即」或「即ち」這個表示兩不同詞語或事物相對兩面的同一關係的字眼上。在這種意義下，典型的例子是井上哲次郎的〈現象即ち實在論〉一文。井上哲次郎在這篇文章中，把佛教術語「即」添置到「同一實在論」（Identitätsrealismus）上，並藉著它把現象與實在等同起來以超越唯物主義和唯心主義。我已經提過，田邊元如何用「即」字來表示同一主體中相對但又共存的實在的兩面。其他的思想家也可以稍提一下，他們雖沒有直接應用這個詞，但仍是建立在現象實在之相對元素的辯證同一上[7]。

然而，船山信一的一般化並不立基於批判和詳細的檢討上。最近的日本哲學有許多不同形式的唯心論被削足適履地套入「即」的邏輯

---

[7] 船山信一：《日本の觀念論者》，上引，頁 309-310。

這張波羅苦勒斯特床 (Procrustean bed)。大西祝、桑木嚴翼、伊藤吉之助、安倍能成、天野貞祐、乃至於許多京都學派中的人，他們都不喜這種邏輯，西田幾多郎的「場的邏輯」、高橋里美的「包辯證法」，乃至於田邊元和井上哲次郎所用的「即」的邏輯，在其特殊的內容上是極不相同於簡單形態的「即」的邏輯。

務台理作在其《場所の論理學》（1944）相當正確地把過去日本的邏輯描寫爲「存在的思考方式」(existential way of thinking)，而非形式邏輯。務台理作並觀察到，在西方有亞氏邏輯、康德的先驗邏輯，及黑格爾的辯證法等，在東方則除了印度邏輯外，都沒有得到很大的發展。因此，務台理作追隨著西田幾多郎，試圖找尋一種被建立在「心」（巴斯卡的 "coeur"？）上的「場所的邏輯」。在這種邏輯中，社會關係的直觀了解成爲最高的了。由此便可以提出一種社會溝通的邏輯。當我們考慮到日本一直都有著「社會網」(social nexus)的重要性時，務台理作的這一強調便有相當地根據。

但遺憾地，務台理作在戰後便不再處理這種邏輯了，也許是他承認了其中一些可能的弱點吧！

我將指出「思索」（與哲學最接近的同義語）一詞在意義上的改變——因爲它可以給予我們，邏輯如何在日本發展的線索——來結束對日本哲學家的邏輯的討論。過去這個詞（思索）隱含地意指對深奧難解之事物的思考。西田幾多郎曾兩度使用這個詞於其著作標題中，並詳細分辨其在日常日本語言中——也就是對哲學問題活生生和實存地取向中所指的意義。「思索」這詞的意義雖然模糊，但也許可以說是典型的日本思想家的哲學路數的特徵。

最近日本思想家的另一個特徵是使用和濫用辯證法。對於新邏輯的探索，使得他們經常陷入不是嚴格意義的黑格爾辯證迷霧，而是廣

義的辯證路數的濃霧當中，其就如大西祝批評井上圓了所說的，想把
「油和水」混合起來。有些日本思想家對此種方法批評得相當嚴厲，
例如吉滿義彥說過，以辯證法這帖萬能藥用於可以輕易以傳統邏輯來
解決的問題的潮流，正就是日本哲學上精神貧乏的一個記號。他諷刺
地繼續說：「倘若這種方法被描寫爲東方和日本的典型，那麼對於軟
弱心靈的影響便是個魔術。」❽

在容忍一部分思想家對「辯證癖」（dialectical mannerism）的
偏好的同時，我們必須不可忘卻這種方法的所有好處。對於日本社會
經歷過了其結構及意識型態之急劇變遷的危險時刻，以及獨立且具有
才華的思想家被看似能解決文化之強烈對立及矛盾般共存的現象之方
法所吸引這一事實，我們亦無庸驚異。我認爲，日本文化的這一情況
是一般文化背景之產生共同情愫的好例子。無須說，對於這一事實的
平衡的考慮，我們必須要以其自己的邏輯和構作來評價辯證法的獨特
形式。

日本哲學的其他典型特徵是對人，特別是對個人的興趣。也許是
因爲過去個人的作用被輕視，也不關心個人人格，因此在哲學及文化
研究當中，我們可以見到一股「人格主義」的潮流。這種興趣，高山
林次郎（樗牛）、阿部次郎等人，由於他們不同的哲學啟發，而有很
不同的形式。這種興趣極其強烈，即使是在黑格爾主義的潮流高張，
而個人且又陷入國家的辯證法中時，它仍一直持續著，且逐漸形成一
種辯證法歷程，最後，不只是個體自身(individual as such)而已，
「主體性」問題成了盛極一時。「主體性」英文可譯爲 "selfhood"，
或更好是 "individuality"，它意思是指個體對於社會和國家的個人經

---

❽　吉滿義彥：《形而上學序論》(Maritain 原著) 譯序，Kōchō 書院，
　　1942，頁 27–28。

驗（personal experience），或者是宗教哲學中個人在面對於絕對時所據的地位。它與知識論意義的主體性（subjectivity）沒有什麼關係，而是與存有論或實存意義上的主體較有關係。有時候它意指相對於政治及社會實體的自我肯定，或一種在自我的內在孤離中的逃遁建置（an establishment of a place of escape in the interior solitude of the ego）。明確傾向於這一「主體性」的潮流，我們可以在西田幾多郎、田邊元、和辻哲郎及三木清中見到。戰後時代，它也是馬克斯主義者及社會主義傾向的哲學家共同討論的主題。正如在本世紀初出現了許多不同關於人的想法，其中如國家主義的人格主義（nationalistic personalism），宗教的和倫理的個體主義，尼采對人的贊頌，以及對代表性人格的崇拜，由此，後來亦出現許多形式的「主體性」。今天我們至少可以辨別出三種觀點：存在主義的、馬克斯主義的，及務台理作的社會—和平主義。

對人及對個體的興趣並不是真正新的人類學的結果。即使我們把和辻哲郎的企圖也包括進來——和辻哲郎曾努力系統地建立一種新的倫理的人類學——仍沒有出現新的思想學派。缺乏適當的認識論前提或折衷主義，也許可以用來說明早期思想家的這種失敗，但文化因素也經常被用來討論後來哲學家的缺失。不管對這種失敗的解釋如何，我們必須注意並承認，哲學家曾深入考慮個體這一事實。這種活生生的興趣，無疑地將也會滲透於未來思想家的著作中。

無疑地，與日本文化背景有相當關係的兩個哲學領域是倫理學和宗教哲學。於此我們可以輕易地指出，強烈影響和辻哲郎的倫理哲學，西田幾多郎、田邊元、西谷啟治及其他京都學派成員的宗教哲學的東方情愫及思考方式。

大家都知道，被調整以適合於日本實際情況的儒家傳統，從明治

時代到上次世界大戰結束之際在倫理學上扮演了最高的角色。天皇的教育勅語及道德 —— 國家訓練的強迫教材，很明顯地妨礙著學術工作，甚至在大學，即使和辻哲郎也無法逃避這種限制。但即以最著名的倫理學家論，仍一直有一些代表性的特例如大西祝、天野貞祐、藤井健治郎，對於懷有東方或更好說是傳統心靈的倫理學家的普遍特徵，我們可以說，他們是研究「社會道德」(social morality)，而不是倫理原則，也就是說，他們研究的是人在社會中的道德行為，而不是倫理的哲學基礎。

當戰後新道德變成一個迫切的問題，以及舊教條必須斥去之時，各種不同形式的西方倫理思想便為人所考慮和討論了。然而我們既看不見代表性的解決，也看不到新的方向。在教育圈中，很明顯地，沒有人願意走回到戰爭以前的儒家道德教育，而佛教似乎也沒有提供些什麼。前面一章我們已討論過的倫理學家大島康正，他在其《これからの倫理》（《明日的倫理》）一書中呼籲日本人採取一種較具批判性的態度來談倫理問題，以建立一種較好的「主體性」和避免如過去所做那樣把倫理原則建立在「人情」之上。他並且批評日本人在靠左靠右上走極端的癖性，日本人這種癖性在現今最近的潮流中尤其更是嚴重，正如這些觀點一樣正確，他們缺乏一種實證的哲學基礎❾。

倘若我們把宗教哲學看為一個特殊的領域，那麼很有趣的可以看出，具有基督教傾向的哲學家有相當多，波多野精一是最具代表性的一個例子。宗教性的哲學家 (religious philosophers，不是宗教哲學家) 如西田幾多郎、田邊元，雖然無可否認地受過基督教的存在主義 (christian existentialism) 的影響，但他們較傾向於把佛教類型的「無」當作日本文化傳統的代表。同樣地，西谷啟治明確地是一位

---

❾　大島康正：《てれからの倫理》，前引，頁 119-121。

東方形態的宗教哲學承銷商。

　　船山信一強調，日本唯心論者既不是承認超越神的基督教意義下的泛神論者，也決不是無神論者，他們無寧是「精神主義者」(spiritualists) 或「心」的哲學家。然而，事實上「心」之一字的意義在「精神主義者」中有很大的差異，真正的「心」的哲學家是石田梅巖 (1685-1744)，他是日本「心學」派的建立者，他試圖在其新理論中把儒家、佛教以及神道結合在一起。但是哲學家如西田幾多郎、田邊元等人，他們都受過良好的西方哲學訓練，他們極容易指責說他（即船山信一）混淆了他們的術語。例如西田幾多郎便自己限定其立場是一種「萬有在神論」(Panentheismus)，他由此以與傳統形式的「泛神論」(pantheism) 畫清界線。然而我們必須承認，當人愈深入試探西田的心靈，那麼人們將愈想進一步澄清這一基本概念。但日本思想家如西田幾多郎卻拒絕進入這一終極的問題，而把它轉交給宗教。於此我們走進了一個西方哲學範疇很難處理的領域，我們也必須順便一提，這亦是一個西方宗教無法輕易處理的。

　　關於日本宗教許多值得一提的事物中，我們必須記住，在日本三個主要宗教——神道、佛教及儒教——創造了一種文化，在這種文化中，相對主義的融會主義(relativistic syncretism) 滲透入大部分人，乃至於宗教哲學這一特殊領域的專家的思考方式中。典型融會主義的思想家有井上圓了及西村茂樹，反對融會主義和折衷主義有前面所述的比較哲學教授川田熊太郎，他以強烈的字眼力主不但西方思想要被視為哲學，而且佛教也應是如此。對於西方讀者來說，最後一點可能使那些已熟悉西方許多論述佛教哲學的專著的人感到驚訝。然而，在日本，特別是在專業哲學家中，很少有人去解釋佛教的哲學內容，並且也幾乎沒有討論西田思想與佛教的宗教世界之關係的重要論著。為

要強調他的觀點，川田熊太郎說，很不幸地西周引進了「哲學」一詞來翻譯 philosophy；相對於此，三宅雄一郎等人曾偏好用「理學」一詞來翻譯。但是其間的語意問題卻極具爭議，因爲該二詞都有一個儒學的涵義（很明顯地，「哲學」一詞較少），而依字面把 philosophy 譯爲「愛智」以及較爲固有的「思索」則不曾被廣泛使用❿。

然而川田熊太郎確實正確地提醒我們注意，明治時代以後的哲學家已經開始單只學習西方形態的思考，而把佛教及儒學留給其他專家，主要是那些與宗教或如儒學之與政治、文化有關的機構。在這些機構中，那些希望更深入研究過去思想與現代哲學之關連，以及看出傳統思考形式與現代哲學經驗之延續性的人，面臨到了許多的困難，我最後則想談談這一問題以及日本哲學家所要面對的責任這一更大的問題。

日本哲學的任務及東方的傳統

在最近的日本哲學的特徵中，我故意在前一節省下一個方面，乃是爲要在此一結論中更詳細地考慮它。我提到過許多日本哲學家對文化哲學中的持續性感興趣。在第六章中，我曾談過「文化主義」乃是土田杏村所栽培出的一個興趣領域。其他許多思想家也應當與土田杏村一併提出，特別是我們若要進入所謂「在野」這一非學院的哲學領域的話。即使我們自己限制於嚴格意義的哲學家中，事實上，我們仍可以說，隣接於歷史哲學的文化哲學曾是整個京都學派的一個主要主

---

❿ 川田熊太郎：《佛教と哲學》，平樂寺書店，東京，1957，頁140-46。
關於三宅雄二郎參見井上哲次郎：《明治哲學界の回顧附記》，岩波講座哲學，岩波書店，1933，頁 87-92。

題；並且甚至如桑木嚴翼、池上謙三等哲學家，也都相當程度處理過
這一主題。在某種意義上，福澤諭吉在明治初年所引進的「文明論の
概略」或西方文明與日本文化的對話，一直都沒有中止，並且也不會
被中止。

日本過去的文化對日本民眾的生活的影響，很明顯地也普遍地允
許哲學家避開對過去思想做持續不斷的再評價這一問題。如同我在前
面提過，日本哲學家經常太過於注意技術地走進預設著能使他們超越
出其特殊性的廣泛古代思想之知識中。這個問題一直被察覺到，並且
也被哲學地考慮著，西田幾多郎及田邊元處理東方邏輯的問題，高坂
正顯等人則研究日本與世界史的關係，而阿部次郎則是第一個嫻熟應
用狄爾泰（Dilthey）的範疇到日本文化情況中的人。

務台理作分別在西元一九四五年及一九四七年寫了兩篇文章談日
本哲學的任務，並且指出其主要興趣乃是歷史哲學和文化哲學。他並
強調，日本哲學的未來，端繫於對各種文化現象之關係的更好研究
上。根據務台理作的說法，為要避免過去在此領域中的陷阱，日本哲
學家必須採取一種較寬廣的路子，或是更澈底批判的和科學的方法，
以此為其指南，他們必須研究各研究領域的界限和任務，以及從日本
的一般文化生活的角度來看它們。各種不同的哲學分支，社會科學，
乃至自然科學必須要一起來考慮，知識論的研究必須強有力且優先地
來推動，以澄清各種觀念和為更好地了解這一複雜的工作開啟一條新
路徑❶。

務台理作高聲認為，池上謙三的知識論是這一方向的最重要成
就。如我們所知，池上謙三的知識論乃是建立在一種寬鬆的文化取向

---

❶ 務台理作：《文化と宗教》，上引，頁 77-95。

上的。在某一種意義上，務台理作的建議強有力地由「思想の科學會」執行了，這個學會結合了許多知識分子和專家，透過他們的機關報《思想の科學》，試圖批判地檢討許多文化問題，這個學會的精神極傾向於實證主義和經驗主義，並且其成員確實對於過去傳統的友善和了解顯得不如對立得多。

除了著名作家如鈴木大拙等之外，其他思想家甚至更積極，並認為當代日本的思考方式不應該太過於不同其祖先。事實上也有非常多的解釋可見於《日本傳統資料書》(*Sources of Japanese Tradition*)這本豐富的選輯中。這本書的編者特別提出社會兼自由派評論家長谷川如是閑，他在戰後的改革中鼓吹一種實在論的取向，這種取向對他來說，是日本完成其在國際社會中的任務所絕對必須的。從一種很不相同的角度，也就是文化及藝術的角度出發，文學批評家及作家龜井勝一郎則提出很不相同的結論，他相反地強調日本必須返回其文化傳統中去❷。

這些相對的觀點廣泛地出現在戰後所輯印討論日本思想的「講座」或論集中，其中很大一部分明顯是屬於「進步的」，乃甚至於是馬克思主義者。倘若我們排除討論宗教及倫理問題的講座，那麼剩下的便沒多少是尊重過去和學院哲學的了。附帶地說，這亦即是為何它們很少能用於本書之故❸。然而，較具藝術性或宗教性心態的思想家則表現出一種對日本過去偉大文化的懷舊感。現今揚起高潮的國家主義情緒多半也想加強這一潮流。

---

❷ *Sources of Japanese Traditions.* o.c, pp. 891–906.

❸ 各種講座中有如：《岩波講座・現代思想XI・現代日本思想》，岩波書店，1957。丸山眞男在第一講中說日本沒有這種類型的紀史傳統。《講座近代思想史IX 日本における西洋近代思想の容受》，弘文堂，1959；家永三郎編：《近代日本思想史講座 1. 歷史的概觀》，筑摩書房，1959。

　　作為西方潮流與日本主題之間的對話的一線光明，一些從事比較哲學的學者的努力，我們應該提一下。其中最重要的是中村元，他是一位印度學及佛學專家，中村元強烈反對一些西方知識分子的「頑固」，這些人，特別是在過去，不希望見到印度和中國思想有任何哲學。對他來說，在各種不同文化環境中的所有哲學家都處理同樣有關宇宙與人的基本問題。變遷的時代受限地產生各種不同的解答，並且即使在歷史的波濤中出現了新問題，但其基本的一致性仍可在所有哲學的努力當中見到。在其一篇論「哲學的興起」的文章中，中村元指出，印度的奧義書思想家大約與希臘的愛奧尼亞哲學家 (Ionian Philosophers)同時，他於其中看出了兩種思考方式裏有許多共同點。從印度思想的觀點出發，中村元在其著作中把這些主題歸納成下面幾點：渴慕彼界；抗斥儀式主義及多神論；水─氣─風或噓氣及數為基本元素；絕對及自我；世界為存有自身；絕對主體、輪廻、救拔，及最後基於一元論的倫理學。

　　中村元並還曾以同樣的精神談論「依西方眼光來看的佛教哲學」，以更恰當地展示佛教的哲學本質，關於佛教確實不容懷疑地有時傾向於否定任何哲學，例如佛陀及其大部分的追隨者便拒絕討論嚴格的哲學問題。中村元對佛教所做的這種哲學的重新評價，無疑的是比較哲學的一個重要貢獻。然而有些人可能對這種佛教及印度思想的宗教內涵的「俗化」感到驚訝。無論如何，西方的密契主義 (mystics) 也一樣輕蔑這種塵世的智慧，認為它們是在空想天界的事物。自然地也有些佛教學派不信服佛陀的沉默，而走進了可以稱為哲學的思辨當中。然而，中村元似乎把大部份人習慣稱為宗教主題的東西當作哲學。很清楚地，在這兩種學說的主題間，我們沒有辦法對其做毫分縷析的分辨，但是其方法和目的的差異仍有很足夠的空間讓我們做分辨，實際

上，宗教絕不能如此輕易地與哲學混淆。

　川田熊太郎在國外沒有像中村元那樣出名，他是東京大學的比較哲學教授。川田熊太郎在前文中提過的著作《佛教と哲學》表示反對任何形式的折衷主義，並且對日本的許多不同形式的思想之所以能共存和傾向於創造一個結合佛教思想、儒家學說及基督教理想的融會主義，根本不認爲是幸運。他對不同哲學系統中的根本統一提出一個相當澈底的研究，並想由之而創造其相互對談的基礎。川田熊太郎看出了希臘羅馬思想中存有滲透般的觀念統一，以及其以把握實在爲主要關懷的智慧之愛。中國哲學則是「道」的哲學，而不是西方意義的系統；佛教哲學則重視「知見」或解悟的知識。川田熊太郎於感動所有人的「法」（Dharma）或普遍法則及原理的智慧或知識（梵文爲prajñā）中看到它的統一。川田熊太郎對佛教哲學的分析——他同中村元一樣，也是強烈爲佛教的哲學內涵辯護的人——面臨著揭露「根本佛教」，或事實上在佛教各宗派中很不明顯的統一性這個困難，爲此他故意置下禪及淨土兩個難以歸類的宗派不論。

　根據川田熊太郎的看法，比較哲學的任務並不只是對偉大的哲學系統的統一做一個分析描述而已。描述的工作只是選擇我們自己的哲學的一個踏腳石，理想上則應該找出一個眞正普遍的「人的哲學」。他似乎傾向於一種佛教的自然主義，但對這一活生生的問題，他卻沒有提出積極的回答。個人的選擇之必須爲其數目已極令人驚異的哲學理論的另一種變異這種危險，川田熊太郎則沒有考慮到❹。

❹　中村元的兩篇英文文章 The Rise of Philosophy 及 Buddhist Philosophy in the Western Light 分別見於 Ueda Seiji（植田清次）所編：《分析哲學研究論文集》，第二冊，頁 417–500，及第三冊，頁 401–75；又見中村元：《比較思想論》，岩波書店，1960。
　川田熊太郎：《佛教と哲學》，上引。

　　比較哲學的學者面對於一個過去其在比較宗教及其他比較研究的同道所面對過的兩難。人類與其思考方式的根本統一愈來愈清楚了；然而，其間的特殊差異同時也一樣變得更明顯了。關於比較宗教，人們已經說過那麼多「（比較方法）的主要用處是要展示一種必要的較好方法」。這種說法的睿見現在已經得有夏威夷大學（University of Hawaii）於戰後所支持的東西哲學會議的結論的支持。曾經多次參加這一會議的麥卡錫（Harold E. McCarthy）寫了一篇文章：The Problem of Philosophical Diversity（〈哲學變異的問題〉），提供給那些從事比較哲學的人當作一個良好的工作法則：「尋找類似的地方，但不要相信他們；不要相信他們，乃是因為類似的地方，一般是存在於不同脈絡中且又必須經常在其差異的關係來看它們之故。」⑮

　　調和根本統一與較不根本的特殊差異的問題，人們已承認，在過去沒有做很多研究；並且只有在背景很不相同的哲學間增加其接觸後，它才會變成一個真正的問題，不管「永恒哲學」（philosophia perennis）是將被完成，或是已被發現了，有一個極依賴於根本經驗的問題，它被選來當作沒有辦法予以明確回答的問題的出發點。具有批判心靈的專家，大部分都贊同有基本差異這個事實，並且也都不認為有什麼方法能架通這些差異。愈是懷有調和心態的思想家愈是希望架通它，但是也必須要清楚明說地，理論的基礎仍沒有為顯然只是希望的東西而被構作出來。

　　無論如何，不管未來是怎樣，事實上這個有許多不同潮流共存著

（續）關於中村元及川田熊太郎的比較哲學，參見 Perez Ruiz F., Dos Voces Japonesas en el Dialogo Oriente-Occidente，見於 Pensamiento, Vol. 17, 1961, pp. 199-218.

⑮　Harold E. McCarthy, The Problem of Philosophical Diversity, in: Philosophy East and West, Vol. IX, n. 3-4, 1960, pp. 107-28.

的國度，比較哲學是需要澈底研究的。至於這是否是日本哲學的最重要課題，則屬於別的問題。許多作者已經爲日本哲學開啟了各種新路了。其中包括從馬克斯主義者到田邊元的「懺悔哲學」，以至於西方的科技和民主。其他的人則偏好於冥思的和藝術的東方，各種譜線都已呈現在哲學的光譜中，對於個人的困難純只是在於抉擇，總有某些東西是可以滿足各種口味的！

倘若我們問：是什麼決定著日本哲學的未來？我將毫不遲疑地回答說：是繫於其未來思想家的活力和創造力。我相信，日本哲學家與其他國家的哲學家一樣都不是社會批評或文化批評所喜歡加給他們那樣的遵奉主義者。他們甚至也很少遵循人工組配的固定型式。在哲學範疇的一般架構中，將一直有很多不同，而且難以乾淨地收捲於文化葉鞘中的系統概念和觀點，因爲這文化葉鞘由於更偏於國家，而不是哲學本身，因此只包藏住部分的個別思想家。然無論如何，最近的哲學並不是普遍的思想方式，而是一種特殊的學科，如此它並不知道有地理的，乃至文化的障礙。

我完全同意，這是個很具爭論性的觀點，實際上似乎日本的專業哲學家廣泛都感受到，因爲他們不喜歡被看成是局限於東方而不能與西方哲學溝通的部落。他們的意圖和希望並不只是同他們的西方同道一樣擺到講臺上，並且也想創造出眞正普遍的觀念和系統。一般的專業哲學家雖然不輕視他們的東方傳統，但是卽使在他們不致力於有關東西方哲學之間的大問題，他們仍非常穩健。很清楚地，他們承認有許多不值錢的、新聞報導般的寫作及思考與這些問題有關。

於此我們必須再加上最後一點，許多人把根本統一或基本經驗說成是在大體文化現象可以是很眞切的思想系統之特徵。然而，對哲學家來說，這種基本經驗的系統化或精心構作是很有生命力的，他不單

要去選擇一種世界觀，並且還要「說」一些他自己的經驗，故而不是由文化背景所決定的東西。如同我一再重複的，一個一般的公分母可能無法解釋我們在最近哲學中所發現到的變異。

作爲這一討論的結論，我於此要再談一位極嫻熟日本思想的日本專業哲學家下村寅太郎的觀點。在一篇討論近代日本哲學的文章的結尾，他回想日本在此一領域中的偉大成就，下村寅太郎清楚地承認哲學是出生在西方。雖然佛學者及儒者在過去百年來也對古老思想做出不少優秀的歷史研究，但比起來，他們是做得少多了。下村寅太郎並繼續說：正因爲哲學既不是西方的，也不是東方的，因此日本哲學家有一個普遍的任務要完成。哲學必須是普遍的，不同的文化背景只當當作不同哲學經驗的出發點，日本哲學家的具體任務並不是只去吸收西方思考，也不是去強調東西方的差異，或去混淆兩者，而是要以一位眞正的普遍哲學家而徹底地拓深其哲學意識來思考。下村寅太郎於西田幾多郎身上看到了一個思想家的好榜樣，也就是要根植於日本傳統，但也要能夠超越它和達至一個眞正的普遍哲學❶。

在這一點上，我們將可以結束本書，本書嘗試展示一些將爲下一個百年的日本哲學創造一個新的哲學思想傳統的許多日本哲學家的生命力和多姿多采的創造性。在什麼意義下他們的著作將影響未來的哲學家，這只有未來才能告訴我們。於我的部分，我希望未來的哲學家能夠像他們近百多年來的前驅一樣，以開放的心胸來從事其工作，並且站在他們的肩上，誠心地嘗試爲人類的哲學傳統提供一個眞正普遍的貢獻。

---

❶　下村寅太郎，收於：《哲學研究入門》，頁 322-23。

參 考 書 目

（一）

麻生義輝：《近世日本哲學史》，近藤書店，1943。

別冊哲學評論：《日本における西洋哲學の系譜》，民友社，1948。

平凡社編：《大人名事典》，十卷，1953-55。

船山信一：《明治哲學史研究》，ミネルバ書院，1959。

船山信一：《日本の觀念論者》，英應社，1956。

平凡社編：《現代日本人名事典》，1955。

久野收、鶴見俊輔編：《現代日本の思想》，岩波書店，1956。

山崎正一等編：《現代の哲學講座Ⅴ・日本の現代思想》，有斐閣，
1958。

Holzman Donald, with Motoyama Yukihiko and others, Japanese
Religion and Philosophy, *A Guide to Japanese Reference and
Research Material*, Ann Arbor, The University of Michigan
Press, 1959.

家永三郎：《日本近代思想史研究》，東京大學出版會，1953。

井上哲次郎：《懷舊錄》，春秋社，1943。

井上哲次郎：〈明治哲學界の回顧〉，《岩波講座》，岩波書店，
1932。

Japan Biographical Encyclopedia & Who's Who, 2nd ed. Rengo
Press, 1961.

遠山茂樹等編：《近代日本思想史》，四卷，青木書店，1955，1960。

家永三郎編：《近代日本思想史講座 1：歷史的概觀》，筑摩書房，1959。

清原貞雄：《明治時代思想史》，大東閣，1921。

Kasaka Masaaki ed., *Japanese Thought in the Meiji Era*, translated and adapted by David Abosch, Pan-Pacific Press, 1958.

小山弘建：《日本マルクス主義史》，青木書店，1956。

桑木嚴翼：《明治の哲學界》，中央公論社，1943。

桑木嚴翼：《哲學四十年》，1946。

Lüth Paul, *Die japanische Philosophie*, J. C. B. Mohr (Paul Siebeck), Tübingen, 1944.

吉野作造、尾佐竹猛編：《明治文化全集 XV：思想編》，日本評論社，1929。

宮川透：《近代日本の哲學》，啟蒼書房，1961。

三宅雄二郎（雪嶺）：《明治思想小史》，丙午出版社，1931。

三宅雄二郎（雪嶺）：《大學今昔譚》，外舘社，1946。

三宅雄二郎（雪嶺）：〈明治哲學の回顧——附記〉，《岩波講座——哲學》，岩波書店，1933。

宮西一積：《近代思想の日本的展開》，福村書店，1960。

永田広志：《日本哲學思想史》，三笠書房，1938，白楊社，1948。

永田広志：《日本唯物論史》，三笠書房，1936，白楊社，1949。

〈日本の哲學者〉，《理想》特刊，第三三三期，1961，2 月。

朝日ヂャーナル編：《日本の思想家 1》，三卷，朝日新聞社，1962-1963。

〈日本思想〉，《理想》特刊，第一〇二期，1939。

三枝博音等編：《日本哲學思想全書》，二十卷，平凡社，1955-1957。
　　尤其見：卷一哲學編；卷二思索編；卷五唯物論編：這一編與三
　　枝博音戰前編的《日本哲學全書》，十二卷，第一書房，1936-
　　1937，一樣，大部都是明治以前的思想。

大井正：《日本の思想——福澤諭吉から天野貞祐まで》，青木書店，
　　1954。

大井正：《日本近代思想の論理》，同合出版社，1958。

三枝博音：《日本における哲學的觀念論の發展史》，文省堂，1932；
　　世界書院，1947。

三枝博音：《日本の唯物論者》，英應社，1956。

向坂逸郎編：《近代日本の思想家》，和歌社，1954。

久野收、鶴見俊輔、藤田省三編：《戰後日本の思想》，中央公論社，
　　1959。

西谷啟治、高坂正顯等編：《戰後日本精神史》，平凡社，1961。

竹內良知編：《昭和思想史》，ミネルバ書院，1958。

高山林次郎（樗牛）：〈明治思想の變遷〉，《樗牛全集》第四卷，
　　頁 404-449，博文館，1905。

田間義一：《現代哲學者論》，育英書院，1943。

瀧澤克己：《現代日本哲學》，三笠書房，1940。

帝國圖書館編：《帝國圖書館和漢圖書分類目錄——宗教、哲學、教
　　育の部》，1904。

平凡社編：《哲學事典》，1954。

臼井二尚等編：《哲學年鑑》，卷一，1942；卷二，1943，大阪，斯
　　文社，1943-44。

哲學年鑑刊行會編：《哲學年鑑──1945-47》，大阪，創元社，1949。

速水敬二編：《哲學年表》，岩波書店，1939-1941。

鳥井博郎：《明治思想史》，筑摩書房，1935；河出書房，1953。

Tsuchida Kyōson, *Contemporary Thought of Japan and China*, London, 1927.

Tsunoda R., Wm. Th. de Bary, D. Keene, editors, *Sources of Japanese Tradition*, New York, 1958.

山田宗睦：《現代思想史年表》，山一書房，1961。

山崎正一：《近代日本思想史通史》，青木書店，1957。

(二)

《阿部次郎全集》，十七卷，角川書房，1960-1967。

Bibliography of Standard Reference Books for Japanese Studies with Descriptive Notes, Vol. V, A History of Thought, Part II, Kokusai Bunka Shinkokai, 1965.

船山信一：《增補明治哲學史研究》，ミネルバ書院，1965。本書是參考書目(一)，船山書之增補版。

船山信一：《大正哲學史研究》，法律文化社，1965。

船山信一：《明治論理學史研究》，理想社，1966。

Seiichi Hatano, *Time and Eternity*, trans. by Ichiro Suzuki, Japanese National Commission for UNESCO, 1963.

《出隆著作集》，七卷，啟蒼書房，1963。

梅本克已編：《講座戰後日本の思想：1.哲學》，現代新潮社，1963。

《三木清全集》，十九卷，岩波書店，1966；另有一版本《三木清著作

集》，共十六卷（見第六章**⑫**）。論三木清見 Gino K. Piovesana, S. J., Miki Kiyoshi, Representative Thinker of an Anguished Generation, in *Studies in Japanese Culture*, J. Roggendorf ed., Sophia University, 1963, 143–161.

宮川透：《日本精神史への序論》，紀伊國屋，1966。

中江兆民：《兆民文集》，文化資料調查會，1965。

討論中江兆民的著作有：

桑原武夫編：《中江兆民の研究》，岩波書店，1966。

松永昌三：《中江兆民》，柏書房，1967。

山口光朔：《異端の源流——中江兆民の思想と行動》，法律文化社，1961。

中村雄二郎：《日本の思想界》，啟蒼書房，1967。

中村雄二郎：《近代日本における制度與思想——明治法思想史研究序論》，未來社，1967。

《西周全集》，三卷，宗高書房，1960–1966。

《西田幾多郎全集》，十九卷，岩波書店，1965–1966。這個新版本（舊的爲十八卷），包括有新收集到的信函，而在第十六卷是保存到今天西田〈善の研究〉（1911）的手稿。

討論西田的文字有：

高坂正顯：《西田幾多郎と和辻哲郎》，新潮社，1964。

下村寅太郎：《西田幾多郎——人と思想》，東海大學出版會，1965。

竹內良知：《西田幾多郎——「善の研究」まで》，東京大學出版會，1966。

上山春平：〈近代日本の思想家〉，爲桑原武夫編：《20世紀を動かした人々》，第二卷，頁 151–222，講談社，1963。本編含有論

福澤諭吉、中江兆民、吉野作造、大杉榮諸人文章。

宮川透：〈「西田哲學」に對する批判と反批判〉，在宮川透等編：《近代日本思想論爭》中，青木書店，1963，頁 291-317。

Lothear Kauth, Life is Tragic, The Diary of Nishida Kitarō, *Monumenta Nipponica*, XX (1965), N. 3-4, 335-358.

野邊地東洋等：《日本現代哲學入門》，理想社，1967，這本書介紹西田幾多郎、田邊元、和高橋里美的哲學。

Philosophical Studies of Japan VII (1966)，這是一期特刊，討論日本的哲學和現代化，主要有下村寅太郎所作的文章。

Gino K. Piovesana, S. J., "Japanese Philosophy" in *The Encyclopedia of Philosophy*, 8 Vols., Macmillan & Free Press, 1967, Vol. 4, pp. 250-254. See Vol. 8, p. 456 for an Index of Japanese Philosophers dealt in this encyclopedia work. 《近代日本の哲學と思想》，紀伊國屋書店，1965；這是 *Recent Japanese Philosophical Thought, 1862-1962, A Survey* 的日文版，由宮川透、田崎哲郎翻譯。

Pensaniento Japones Contemporaneo, trans. by J. M. Sancho, Madrid, 1967，義大利文版已宣布標題爲：*Il moderno pensiero giapponese*, Bologna, Pàtron, 1968.

Souremennye progressivnye filosofy Yaponii（《日本當代發展中的哲學家》），Moscow, 1964. 本書選了一些日本思想家，如務台理作、家永三郎的文章，其中也收有一篇原始的文章，是 Mori Koichi 的〈日本二次世界後的哲學唯物論演變〉。

Takeuchi Yoshinori, Modern Japanese Philosophy, in *Encyclopedia Britannica*, 1966, Vol. 12, pp. 958-962.

《田邊元全集》，十五卷，筑摩書房，1963-1964。

關於田邊元的哲學可參見《理想》雜誌，三十八卷，第二期，〈田邊元の哲學〉，1963。

下村寅太郎、古田光合編：《現代日本思想大系》，第二十四卷，〈哲學思想〉，筑摩書房，1965。本書是我在這本書中討論哲學家的短文集，另外，兩個京都大學較不出名的美學教授深田康算（1878-1927）和植田壽藏（1886-）也包括在內。這套書在書尾附有一分很有用的編年表，編者的導論〈日本哲學〉（頁 7-49）也很有用。

《戶坂潤全集》，五卷，啟蒼書房，1966-1967。

《和辻哲郎全集》，二十卷，岩波書店，1961-1963。

和辻哲郎：《自敍傳の試み》，中央公論社，1962。

討論和辻哲郎文字：

和辻照：《和辻哲郎とともに》，新潮社，1966。

和辻照編：《和辻哲郎の思い出》，岩波書店，1963。

生松敬三：〈和辻倫理學について〉，在《思想史の道標》，頁 247-64，啟蒼書房，1965。

柳田謙十郎：《柳田謙十郎著作集》，八卷，創文社，1967。

譯　後　記

　　譯完Gino K. Piovesana 神父這本《日本近代哲學思想史》之後，心中不禁湧上許多感想，現在就藉著這一後記寫出來與讀者共商，另外也順便交代一下幾個應加以說明的問題。

　　首先說明翻譯本書的動機。本書的翻譯大約始於十年前，當時譯者還是大學三年級的學生。至於為何要不自量力冒昧地從事這個工作呢？當時所懷有的想法是這樣的：第一、在面對今天占絕對優勢的西方思考形態的哲學系統下，我們對於傳統的重建工作，以及如何在今日創造出新的思考方式。我們似乎除了努力自己從事反省探索的工作外，吸收一些既有的經驗，也許是有所幫助的。其次，雖然我們對於西洋哲學的引進和傳播比之日本早很多（如李之藻及傅汎際在明末合譯的《名理探》便是一個例子），而且在近百多年第二股浪潮的起步也不較日本晚和小（如嚴復的譯述工作與日本近代哲學之父西周約為同時，而且其間的起步傾向亦約略相同，都是屬於實證、經驗傾向的哲學），可是在稍後幾十年的發展，其認知的眼界及知識的工作態度卻大加逕庭，當時我們第二代的現代哲學家，除了幾位專技性的學者外，並未能出現像日本西田幾多郎、田邊元等極富創造性的思想家。甚至我們有不少的書籍還得轉販自日本的著作，而術語之襲用自日本所譯者則比比皆是。面對這種蕭條的景況，譯者認為重回頭去看看日本人的作法，也許對我們未來的研究工作有一些借鑑的作用吧！第三是日本幾位原創性哲學家的思想形態在相當程度是結合了以中國及佛教哲學（印度教的傳統並沒有很廣泛地在印度以外地區傳播開來），

即使是以其日本傳統的神道教為核心，其中國文化的陰影亦是仍顯然可見。由此，這種新的創造，譯者認為較之比較哲學這樣排比的進路更具有啓發性，以及更能明確地指出東西方思想型態的一致性（普遍的知識）及其之間的不可擬比性。從而我們可以藉由以重回到我們的生活空間、時間，直接地開放向這個我們殊特的「風土」（借和辻哲郎的術語）並參考普遍的哲學來創造我們自己的新的哲學。

當然日本哲學界的工作，亦不是一直持續有著高度的創造性，若大家同意西田幾多郎是日本現代哲學的創造高峰的話，那麼在日本學院哲學的制度化以後，日本的哲學創造已形成了一種技術的競技和意識型態的角力，這種情況，本書原作者在對日本戰後馬克思主義之橫掃一切的觀察，提供了我們許多信息。

不過，這種學院化的歷程似乎是今日普遍性知識所不可避免的難題，今天似乎很難出現一位不是哲學教授的哲學家。其理由可能是因為任何思想的創造都要求著相當程度的知識批判，而這也即是本書原作者在評論鈴木大拙過分強調西田幾多郎的神秘因素對於其創造的促進時所提出的，西洋哲學訓練以及新知的認識（即在那一年代極迅速能閱讀到《Logos》等德文新期刊）的好處之故，才能迅速而且有力的構作其思想體系，也就是西田幾多郎的創造，乃是經由迅速而緊密的西洋的強勢思想形態交談對辯，從而激發出屬其本人或屬於日本的東方新思考形態。

不過哲學的學院化，強調知識批判的基礎工作，並不一定會扼殺創造性的思考；至於其關鍵，譯者認為主要是在於「眼界」上。「眼界」於此有兩個意義，一個是對自我批判的能力，另一個是了解外界對我的批判的能力。而這兩個意義歸結起來，其實只是一個，亦即是要哲學家隨時保持一種「能動的」可能性，或者說，讓思想成為一種

「建構性的結構」(konstruktive Struktur，關於這一表達是譯者杜撰，詳細內容容另文再詳申)。因此譯者在具體行動上，認為越出希臘、羅馬、歐洲傳統所塑造的西洋哲學範圍外，而涉過中國、印度這兩種主要的哲學傳統型態，以抵入今日在世界各角落的「民族的」(ethno-) 哲學反省，從而將此眼界的目光再投注回世界哲學史所塑造的普遍形態，如此或許是我們外於西歐及英美傳統的哲學工作者的正確道路吧?!而其具體的工作，譯者則認為：除了介紹像日本這種的哲學傳統發展外，其他地區，如韓國、中南美、乃至於黑人非洲的哲學面貌，亦都是這一新面目的一貌。因此譯者當時也就敢冒大不韙，冒然從事這種工作，期以拋磚引玉。

此外譯者當說明的是，譯者本人並不諳熟日文，而這也說明何以譯者所選擇的是一本以英文寫作，而且稍有些偏重於論證基督教在日本思想界的影響的著作來從事，而且這本書也只論述到一九六二年的發展，以後至今二十多年來的情況，譯者亦無能為力再續寫，諸此一類缺陷，譯者所能期望的乃是希望國內諸多精通日文的學者能不吝惜些微工夫稍從事這類的工作，如此，將或很快能出現以中文寫作同性質的深入著作，如此則此用以引玉之磚石亦可委置一隅。

又本書中許多以羅馬字轉寫的日文漢字，譯者將之一一轉寫回漢字，但因譯者現身處西德異域，許多工具書都缺之，原著亦無法一一核對，其中錯謬將必不少，謹望讀者以抱缺守殘之意為諒之是幸。

譯 者

一九八九年四月於西德

滄海叢刊已刊行書目 (一)

書　　　　　名	作　者	類	別
國 父 道 德 言 論 類 輯	陳 立 夫	國 父 遺	教
中國學術思想史論叢 (一)(二)(四)(六)(八)(三)(五)(七)	錢　穆	國	學
現 代 中 國 學 術 論 衡	錢　穆	國	學
兩 漢 經 學 今 古 文 平 議	錢　穆	國	學
朱 子 學 提 綱	錢　穆	國	學
先 秦 諸 子 繫 年	錢　穆	國	學
先 秦 諸 子 論 叢	唐 端 正	國	學
先 秦 諸 子 論 叢 (續篇)	唐 端 正	國	學
儒 學 傳 統 與 文 化 創 新	黃 俊 傑	國	學
宋 代 理 學 三 書 隨 劄	錢　穆	國	學
莊 子 纂 箋	錢　穆	國	學
湖 上 閒 思 錄	錢　穆	哲	學
人 生 十 論	錢　穆	哲	學
晚 學 盲 言	錢　穆	哲	學
中 國 百 位 哲 學 家	黎 建 球	哲	學
西 洋 百 位 哲 學 家	鄔 昆 如	哲	學
現 代 存 在 思 想 家	項 退 結	哲	學
比 較 哲 學 與 文 化 (一)(二)(一)(二)(三)(四)	吳　森	哲	學
文 化 哲 學 講 錄 (一)(二)(三)(四)	鄔 昆 如	哲	學
哲 學 淺 論	張　康譯	哲	學
哲 學 十 大 問 題	鄔 昆 如	哲	學
哲 學 智 慧 的 尋 求	何 秀 煌	哲	學
哲 學 的 智 慧 與 歷 史 的 聰 明	何 秀 煌	哲	學
內 心 悅 樂 之 源 泉	吳 經 熊	哲	學
從 西 方 哲 學 到 禪 佛 教 —「哲學與宗教」一集—	傅 偉 勳	哲	學
批判的繼承與創造的發展 —「哲學與宗教」二集—	傅 偉 勳	哲	學
愛 的 哲 學	蘇 昌 美	哲	學
是 與 非	張 身 華譯	哲	學

滄海叢刊已刊行書目 (二)

書　　　名	作　　者	類　　　別		
語　言　哲　學	劉　福　增	哲		學
邏　輯　與　設　基　法	劉　福　增	哲		學
知識・邏輯・科學哲學	林　正　弘	哲		學
中　國　管　理　哲　學	曾　仕　強	哲		學
老　子　的　哲　學	王　邦　雄	中	國　哲	學
孔　學　漫　談	余　家　菊	中	國　哲	學
中　庸　誠　的　哲　學	吳　　怡	中	國　哲	學
哲　學　演　講　錄	吳　　怡	中	國　哲	學
墨　家　的　哲　學　方　法	鐘　友　聯	中	國　哲	學
韓　非　子　的　哲　學	王　邦　雄	中	國　哲	學
墨　家　哲　學	蔡　仁　厚	中	國　哲	學
知識、理性與生命	孫　寶　琛	中	國　哲	學
逍　遙　的　莊　子	吳　　怡	中	國　哲	學
中國哲學的生命和方法	吳　　怡	中	國　哲	學
儒　家　與　現　代　中　國	章　政　通	中	國　哲	學
希　臘　哲　學　趣　談	鄔　昆　如	西	洋　哲	學
中　世　哲　學　趣　談	鄔　昆　如	西	洋　哲	學
近　代　哲　學　趣　談	鄔　昆　如	西	洋　哲	學
現　代　哲　學　趣　談	鄔　昆　如	西	洋　哲	學
現　代　哲　學　述　評　(一)	傅　佩　榮　譯	西	洋　哲	學
懷　海　德　哲　學	楊　士　毅	西	洋　哲	學
思　想　的　貧　困	章　政　通	思		想
不　以　規　矩　不　能　成　方　圓	劉　君　燦	思		想
佛　學　研　究	周　中　一	佛		學
佛　學　論　著	周　中　一	佛		學
現　代　佛　學　原　理	鄭　金　德	佛		學
禪　　話	周　中　一	佛		學
天　人　之　際	李　杏　邨	佛		學
公　案　禪　語	吳　　怡	佛		學
佛　教　思　想　新　論	楊　惠　南	佛		學
禪　學　講　話	芝峯法師譯	佛		學
圓　滿　生　命　的　實　現（布　施　波　羅　蜜）	陳　柏　達	佛		學
絕　對　與　圓　融	霍　韜　晦	佛		學
佛　學　研　究　指　南	關　世　謙　譯	佛		學
當　代　學　人　談　佛　教	楊惠南編	佛		學

滄海叢刊已刊行書目 (三)

書　　名	作　者	類	別
不　疑　不　懼	王　洪　鈞	教	育
文　化　與　教　育	錢　　　穆	教	育
教　育　叢　談	上官業佑	教	育
印　度　文　化　十　八　篇	糜　文　開	社	會
中　華　文　化　十　二　講	錢　　　穆	社	會
清　代　科　舉	劉　兆　璸	社	會
世界局勢與中國文化	錢　　　穆	社	會
國　　家　　論	薩　孟　武　譯	社	會
紅樓夢與中國舊家庭	薩　孟　武	社	會
社會學與中國研究	蔡　文　輝	社	會
我國社會的變遷與發展	朱岑樓主編	社	會
開　放　的　多　元　社　會	楊　國　樞	社	會
社會、文化和知識份子	葉　啓　政	社	會
臺灣與美國社會問題	蔡文輝 蕭新煌主編	社	會
日　本　社　會　的　結　構	福武直　著 王世雄　譯	社	會
三十年來我國人文及社會 科　學　之　回　顧　與　展　望		社	會
財　經　文　存	王　作　榮	經	濟
財　經　時　論	楊　道　淮	經	濟
中國歷代政治得失	錢　　　穆	政	治
周　禮　的　政　治　思　想	周世輔 周文湘	政	治
儒　家　政　論　衍　義	薩　孟　武	政	治
先　秦　政　治　思　想　史	梁啓超原著 賈馥茗標點	政	治
當　代　中　國　與　民　主	周　陽　山	政	治
中　國　現　代　軍　事　史	劉馥著 梅寅生譯	軍	事
憲　法　論　集	林　紀　東	法	律
憲　法　論　叢	鄭　彥　棻	法	律
師　友　風　義	鄭　彥　棻	歷	史
黃　　　帝	錢　　　穆	歷	史
歷　史　與　人　物	吳　相　湘	歷	史
歷　史　與　文　化　論　叢	錢　　　穆	歷	史

滄海叢刊已刊行書目 (四)

書名	作者	類	別
歷史圈外	朱桂	歷	史
中國人的故事	夏雨人	歷	史
老臺灣	陳冠學	歷	史
古史地理論叢	錢穆	歷	史
秦漢史	錢穆	歷	史
秦漢史論稿	刑義田	歷	史
我這半生	毛振翔	歷	史
三生有幸	吳相湘	傳	記
弘一大師傳	陳慧劍	傳	記
蘇曼殊大師新傳	劉心皇	傳	記
當代佛門人物	陳慧劍	傳	記
孤兒心影錄	張國柱	傳	記
精忠岳飛傳	李安	傳	記
八十憶雙親、師友雜憶合刊	錢穆	傳	記
困勉強狷八十年	陶百川	傳	記
中國歷史精神	錢穆	史學	學
國史新論	錢穆	史學	學
與西方史家論中國史學	杜維運	史學	學
清代史學與史家	杜維運	史學	言
中國文字學	潘重規	語	言
中國聲韻學	潘重規、陳紹棠	語	言
文學與音律	謝雲飛	語	言
還鄉夢的幻滅	賴景瑚	文	學
葫蘆・再見	鄭明娳	文	學
大地之歌	大地詩社	文	學
青春	葉蟬貞	文	學
比較文學的墾拓在臺灣	古添洪、陳慧樺主編	文	學
從比較神話到文學	古添洪、陳慧樺	文	學
解構批評論集	廖炳惠	文	學
牧場的情思	張媛媛	文	學
萍踪憶語	賴景瑚	文	學
讀書與生活	琦君	文	學

書　　名	作　者	類	別
卡薩爾斯之琴	葉　石　濤	文	學
青　囊　夜　燈	許　振　江	文	學
我永遠年輕	唐　文　標	文	學
分　析　文　學	陳　啓　佑	文	學
思　想　起	陌　上　塵	文	學
心　酸　記	李　　喬	文	學
離　訣	林　蒼　鬱	文	學
孤　獨　園	林　蒼　鬱	文	學
托　塔　少　年	林文欽　編	文	學
北　美　情　逅	卜　貴　美	文	學
女　兵　自　傳	謝　冰　瑩	文	學
抗　戰　日　記	謝　冰　瑩	文	學
我　在　日　本	謝　冰　瑩	文	學
給青年朋友的信 (上)(下)	謝　冰　瑩	文	學
冰　瑩　書　柬	謝　冰　瑩	文	學
孤寂中的廻響	洛　　夫	文	學
火　天　使	趙　衛　民	文	學
無塵的鏡子	張　　默	文	學
大　漢　心　聲	張　起　鈞	文	學
回首叫雲飛起	羊　令　野	文	學
康　莊　有　待	向　　陽	文	學
情愛與文學	周　伯　乃	文	學
湍　流　偶　拾	繆　天　華	文	學
文　學　之　旅	蕭　傳　文	文	學
鼓　瑟　集	幼　　柏	文	學
種　子　落　地	葉　海　煙	文	學
文　學　邊　緣	周　玉　山	文	學
大陸文藝新探	周　玉　山	文	學
累　盧　聲　氣　集	姜　超　嶽	文	學
實　用　文　纂	姜　超　嶽	文	學
林　下　生　涯	姜　超　嶽	文	學
材與不材之間	王　邦　雄	文	學
人　生　小　語 (一)(二)	何　秀　煌	文	學
兒　童　文　學	葉　詠　琍	文	學

滄海叢刊已刊行書目 (七)

書　　　名	作　者	類　　別
印度文學歷代名著選(上)(下)	糜文開編譯	文　　　學
寒　山　子　研　究	陳　慧　劍	文　　　學
魯　迅　這　個　人	劉　心　皇	文　　　學
孟　學　的　現　代　意　義	王　支　洪	文　　　學
比　　較　　詩　　學	葉　維　廉	比　較　文　學
結構主義與中國文學	周　英　雄	比　較　文　學
主題學研究論文集	陳鵬翔主編	比　較　文　學
中國小說比較研究	侯　　　健	比　較　文　學
現象學與文學批評	鄭樹森編	比　較　文　學
記　　號　　詩　　學	古　添　洪	比　較　文　學
中　美　文　學　因　緣	鄭樹森編	比　較　文　學
文　　學　　因　　緣	鄭　樹　森	比　較　文　學
比較文學理論與實踐	張　漢　良	比　較　文　學
韓　非　子　析　論	謝　雲　飛	中　國　文　學
陶　淵　明　評　論	李　辰　冬	中　國　文　學
中　國　文　學　論　叢	錢　　　穆	中　國　文　學
文　　學　　新　　論	李　辰　冬	中　國　文　學
離騷九歌九章淺釋	繆　天　華	中　國　文　學
苕華詞與人間詞話述評	王　宗　樂	中　國　文　學
杜　甫　作　品　繫　年	李　辰　冬	中　國　文　學
元　曲　六　大　家	應　裕　康 王　忠　林	中　國　文　學
詩　經　研　讀　指　導	裴　普　賢	中　國　文　學
迦　陵　談　詩　二　集	葉　嘉　瑩	中　國　文　學
莊　子　及　其　文　學	黃　錦　鋐	中　國　文　學
歐　陽　修　詩　本　義　研　究	裴　普　賢	中　國　文　學
清　真　詞　研　究	王　支　洪	中　國　文　學
宋　儒　風　範	董　金　裕	中　國　文　學
紅　樓　夢　的　文　學　價　值	羅　　　盤	中　國　文　學
四　　說　　論　　叢	羅　　　盤	中　國　文　學
中　國　文　學　鑑　賞　舉　隅	黃慶萱 許家鸞	中　國　文　學
牛李黨爭與唐代文學	傅　錫　壬	中　國　文　學
增　訂　江　皋　集	吳　俊　升	中　國　文　學
浮　士　德　研　究	李辰冬譯	西　洋　文　學
蘇　忍　尼　辛　選　集	劉安雲譯	西　洋　文　學

滄海叢刊已刊行書目 (八)

書 名	作 者	類 別
文 學 欣 賞 的 靈 魂	劉 述 先	西 洋 文 學
西 洋 兒 童 文 學 史	葉 詠 琍	西 洋 文 學
現 代 藝 術 哲 學	孫 旗 譯	藝 術
音 樂 人 生	黃 友 棣	音 樂
音 樂 與 我	趙 琴	音 樂
音 樂 伴 我 遊	趙 琴	音 樂
爐 邊 閒 話	李 抱 忱	音 樂
琴 臺 碎 語	黃 友 棣	音 樂
音 樂 隨 筆	趙 琴	音 樂
樂 林 蓽 露	黃 友 棣	音 樂
樂 谷 鳴 泉	黃 友 棣	音 樂
樂 韻 飄 香	黃 友 棣	音 樂
樂 圃 長 春	黃 友 棣	音 樂
色 彩 基 礎	何 耀 宗	美 術
水 彩 技 巧 與 創 作	劉 其 偉	美 術
繪 畫 隨 筆	陳 景 容	美 術
素 描 的 技 法	陳 景 容	美 術
人 體 工 學 與 安 全	劉 其 偉	美 術
立 體 造 形 基 本 設 計	張 長 傑	美 術
工 藝 材 料	李 鈞 棫	美 術
石 膏 工 藝	李 鈞 棫	美 術
裝 飾 工 藝	張 長 傑	美 術
都 市 計 劃 概 論	王 紀 鯤	建 築
建 築 設 計 方 法	陳 政 雄	建 築
建 築 基 本 畫	陳 榮 美 楊 麗 黛	建 築
建 築 鋼 屋 架 結 構 設 計	王 萬 雄	建 築
中 國 的 建 築 藝 術	張 紹 載	建 築
室 內 環 境 設 計	李 琬 琬	建 築
現 代 工 藝 概 論	張 長 傑	雕 刻
藤 竹 工	張 長 傑	雕 刻
戲劇藝術之發展及其原理	趙 如 琳 譯	戲 劇
戲 劇 編 寫 法	方 寸	戲 劇
時 代 的 經 驗	汪 琪 彭 家 發	新 聞
大 眾 傳 播 的 挑 戰	石 永 貴	新 聞
書 法 與 心 理	高 尚 仁	心 理